Chico Xavier
do Além para você

Marcial Jardim
Espírito Francisco C. Xavier

Chico Xavier
do Além para você

Aliança

Copyright © 2014 *Todos os direitos reservados à Editora Aliança.*
1ª edição, Fevereiro/2018, do 1º ao 2º milheiro

TÍTULO
Chico Xavier do Além para você

AUTOR
Marcial Jardim

REVISÃO
Antônio Roberto de Carvalho

DIAGRAMAÇÃO
Sônia Silva

CAPA
Sônia Silva

IMPRESSÃO
Rettec Artes Gráficas e Editora Ltda.

FICHA CATALOGRÁFICA

*Dados Internacionais de Catalogação na Publicação (CIP)
— Câmara Brasileira do Livro | SP | Brasil —*

Xavier, Francisco Cândido (Espírito)
    Chico Xavier do Além para você/ pelo espírito
Francisco Cândido Xavier ; Psicografado por
Marcial Jardim. -- São Paulo : Editora Aliança, 2018.

    ISBN: 978-85-8364-064-6 / 320 páginas

    1. Espiritismo   2.Psicografia   3. Xavier, Francisco
candido, 1910-2002 (Espírito)   I. Jardim Marcial

18-12209   CDD-133.93

ÍNDICE PARA CATÁLOGO SISTEMÁTICO:

1. Mensagens psicografadas : Espiritismo   133.93

EDITORA ALIANÇA
Rua Major Diogo, 511 - Bela Vista - São Paulo - SP
CEP 01324-001 | Tel.:(11) 2105-2600
www.editoraalianca.com.br | editora@editoraalianca.com.br

Sumário

Prefácio 11
À deriva de Jesus 15
A dor da ausência 17
A escolha é nossa 19
A fala da vida 21
A oração e o livro 23
A paciência 27
A palavra 29
À sombra do abacateiro 32
Ajudar sempre 35
Alegria da compreensão 37
Alegria do convívio 41
Alerta 43
Alma Perfumada 45
Amigos espirituais 47
Amizade 49
Amorosa recepção 51
Antes da grande passagem 53
Ao buscarmos o leito 55
As casas espíritas 59
As doenças e os resgates 61

Aspereza das estradas 65
Batalha vencida 69
Borracha da compreensão 71
Caminhos espirituais 73
Caneta amorosa 75
Cansaço da alma 77
Carga pesada 79
Carisma de Jesus 81
Cartório de aprovação 83
Cenas e sons 85
Com a ajuda de Jesus 87
Comece a amar 89
Coroa da humildade 91
Dar sem esperar receber 93
De braços abertos 97
De braços dados com Jesus 99
De lá e de cá 101
Dê-me coragem 103
Definitiva conclusão 105
Degrau conquistado 107
Depois da dor 109
Despedidas 111
Em busca da felicidade 115
Emissária de Jesus 119
Escudo da paz 121
Essência da encarnação 123
Estendamos os braços 125

Estou contigo, meu irmão 127
Evoluir sempre 129
Faça o mundo mais feliz 131
Fardos 133
Flores perfumosas 135
Grande família 139
Hino do amor 141
Horas vazias 143
Impactos 147
Jamais nos esqueçamos 149
Jesus está aqui 153
Jesus está em nós 149
Jesus está sempre a nos dizer 157
Jesus lhes disse a verdade 159
Jesus segue conosco 161
Licor do amor 165
Livre-arbítrio 167
Livro Espírita 169
Mãe-Terra 171
Mar revolto 175
Medalhas do amor 177
Mediunidade com Jesus 181
Mel nas palavras 183
Minha companhia 185
Missão cumprida 187
Missão que nos propusemos 189
Moenda da alma 191

Mundo Regenerado 193
Não há privilégios 197
Não nos apartemos do livro 201
Não percamos tempo 205
No silêncio da solidão 207
O joio e o trigo 209
O livro 213
O mal não merece comentário 215
O pântano 217
O que Jesus espera de mim? 219
O valor da palavra 221
Oásis da alma 223
Obrigado, meu Pai! 227
Olhos e ouvidos da alma 229
Ouvidos da alma 233
Oxigênio da alma 235
Página em branco 237
Pensamento 239
Perfume da alma 241
Perfume de Jesus 243
Perseverar 245
Planeta Terra 247
Presença de Jesus 249
Privilegiado 251
Pró-atividade e GPS 253
Pró-atividade 257
Prontos para servir 259

Quem ama jamais se separa 261
Quem deu e quem recebeu? 265
Remédio de Jesus 267
Retina espiritual 269
Sal das almas 273
Saudade de Jesus 275
Saudade – alegria 277
Saudades... 279
Sejamos fortes 283
Servidores de Jesus 285
Servindo a Jesus 287
Somente agora 289
Sorrindo conosco 291
Sorrir mais 293
Sorriso da alma 295
Sorriso da esperança 297
Sorriso no coração 299
Sorriso 301
Tentações 303
Tome a iniciativa 305
Torvelinho de pensamentos 307
Tudo passa... 309
Tudo podemos, mas nem tudo devemos 311
Vibrações 315
Vivenciando os primeiros sinais... 317

PREFÁCIO

Os pensamentos do espírito de Chico Xavier, ora no além, aqui contidos, estimulam-nos a refletir sobre o agora das nossas vidas, enquanto estamos experienciando as mais diversas, turbulentas, constrangedoras e atemorizantes situações, características deste início de transição planetária, pela qual a Terra vem passando e que, por longo tempo, ainda irá passar.

Todavia, se bem observarmos, aos poucos estão surgindo, aqui e acolá, os primeiros e sutis sinais do tão propalado Mundo de Regeneração, que nós espíritas estamos aguardando há tempos.

Nossos olhos, atônitos, vêm assistindo cenas impactantes, grotescas até, provindas

das várias partes do mundo, surpreendendo-nos, tal o inusitado de que são portadoras.

Nossos ouvidos, pasmos, vêm escutando sons diversos, provenientes dos quatro cantos do planeta; uns fomentando conflitos, outros incitando as emoções desregradas, enaltecendo as desvirtudes, agredindo as almas mais sensíveis, carentes de suavidade e brandura.

A mente humana, ainda, desequilibrada, em desarmonia, distante do bom senso e da fraternidade, erige o orgulho como o senhor absoluto das suas decisões, resoluções e objetivos, apartada que está de Jesus.

Entretanto, outras inumeráveis criaturas, claramente descontentes com as paisagens em que a humanidade, espiritualmente distraída, se deixa atrair, anseiam por encontrar o porto seguro da paz, onde possam, suavemente aconchegar-se ao terno regaço de Jesus.

Não mais se identificam com os seres humanos que ainda satisfazem seus egos, desfrutando das efêmeras e ilusórias gloríolas do mundo.

Assim sendo, buscam com consciência e justificável ansiedade, encontrar a fonte bendita e gratificante do amor incondicional que se encontra presente no Evangelho de Jesus.

Esperamos que o conteúdo deste modesto livro, agora em suas mãos, possa levar à sua alma, momentos de profundas reflexões, fazendo-a aproximar-se, ainda mais, do Mártir da Cruz.

Ao concluir esta obra, sinto-me feliz, realizado, com a consciência em paz pelo dever cumprido, confiante sobre a procedência espiritual que me assistiu durante o desenrolar dos pensamentos aqui transcritos.

Ao enviar ao caro leitor o meu abraço espiritual e fraterno, humildemente, cabe-me submeter à sua conscienciosa apreciação, o conteúdo lavrado neste livro.

Ave Cristo!
Marcial Jardim

À DERIVA DE JESUS

Ao despertarmos para um novo dia, por vezes, nosso coração enche-se de esperanças, tendo em vista as diferentes experiências que iremos vivenciar.

A vida transcorre célere, as pessoas se movimentam com rapidez e ansiedade em busca dos seus destinos.

Dificilmente param para pensar, avaliar os caminhos espirituais que deveriam seguir.

Não encontram tempo, pois o tempo de que dispõem, utilizam-no para buscarem a moeda que, acreditam, irá lhes trazer a tranquilidade e a paz.

Iludidos que estão, não percebem as horas e os dias transcorrerem, enquanto as suas almas continuam paralisadas nas estradas da vida espiritual.

Assim sendo, é comum assistirmos seus semblantes tristes, seus olhos chorosos, surpreendidos e decepcionados com tudo aquilo que a vida lhes impõe.

Distraídos quanto às próprias expectativas espirituais, continuam suas jornadas, gastando tempo precioso para a matéria e, praticamente, nenhum para o Espírito.

Dessa forma, a vida vai lhes direcionando situações as mais diversas, propondo-lhes atividades e posicionamentos.

Ela, a vida, a todos coloca diante de obstáculos para que possam refletir; dificuldades para que possam suplantar, porém, comumente, tão logo as vicissitudes amainam ou terminem, esquecemo-nos do Espírito, permanecendo perdidos neste mar revolto, à deriva do coração de Jesus.

A DOR DA AUSÊNCIA

Se refletirmos com maior profundidade, vamos constatar que as maiores dores que experimentamos é a da ausência daqueles que amamos e que, em momento oportuno, partiram para o outro lado da vida.

Uma imensa maioria, distante dos ensinamentos contidos na Doutrina dos Espíritos, encara esta ausência como se fora definitiva, como se jamais fossem encontrar-se com quem partiu e que levou consigo parte do seu coração.

Assim equivocados, têm dentro de si, uma certeza errônea de que nunca mais se avistarão com aqueles que partiram para o outro lado da vida.

Porém, espíritas que somos, entendemos claramente o equívoco que esses irmãos de jornada cometem, pois sabemos que a partir do momento da partida de quem amamos, sentimos uma ausência mais ou menos profunda, compatível com o amor que lhe dedicamos; todavia, amanhã haverá o reencontro, quando então a alegria voltará a nos visitar.

Enquanto um número enorme de pessoas, ao se despedirem dos seus amados dizem "adeus", os espíritas dizem "até breve, até o reencontro", é só terem a compreensão e a paciência de aguardar.

A ESCOLHA É NOSSA

Quando adentramos a Casa Espírita, para exercitarmo-nos no trabalho espiritual, é como se adentrássemos a nossa própria casa, onde instantes depois haveríamos de receber a visita de corações amigos, necessitados de ajuda para poderem prosseguir em suas jornadas.

Sem eles, o que seria de nós trabalhadores espíritas? Estaríamos relegados à indolência, perdendo o nosso tempo, deixando para depois o que devemos fazer agora, hoje.

Cada pessoa que adentra à Casa Espírita está necessitada, está nos dando um presente sob a forma de um pedido de ajuda. E nós devemos estar preparados para levar a essas criaturas o mínimo do amor que devemos manter presente em nosso coração.

Se não nos empenharmos para colocar este amor na intimidade da nossa alma, como poderemos presentear as pessoas que o procuram?

Para darmos algo, precisamos possuí-lo para, em seguida, podermos oferecer, presentear, dar.

Com certa constância, devemos fazer uma avaliação de nós mesmos, pois, se não o fizermos, os dias vão passando e nós não conseguimos auxiliar as pessoas que na Casa Espírita adentram e, em vez de receberem o presente de que necessitam, nada lhes estaremos ofertando.

O nosso trabalho na Casa Espírita é de extrema profundidade, pois visa o aprimoramento das almas, sendo que a nossa é a primeira delas.

O espírita deverá ter duas qualidades primordiais para bem servir, a saber: a humildade e a bondade. Podemos nos empenhar para conquistá-las ou então não lhes darmos o devido valor.

A escolha é nossa!

A FALA DA VIDA

Quando encarnados, temos dificuldades enormes para entender o que a vida está tentando nos dizer, a partir dos obstáculos que ela própria nos coloca no caminho.

A primeira vista, queremos nos distanciar deles, acreditando não conseguirmos suportar os impactos que a vida está nos fazendo enfrentar.

Nossos olhos choram, nossos lábios muitas vezes lamuriam, enquanto as nossas mãos crispadas, tentam revelar as dores que estamos sentindo.

Os dias vão passando e, pouco a pouco, vamos compreendendo a fala da vida aos ouvidos da nossa alma, dando-nos conta de que a lei de causa e efeito está presente em nossos passos, no nosso hoje e no nosso amanhã e que, na verdade, estamos colhendo o que plantamos.

À medida que vamos compreendendo o que a vida está nos dizendo, nossas dores vão amainando, nossa paciência crescendo e a nossa compreensão evoluindo, e, tão logo a tormenta passe, sentimos a alegria voltar à nossa intimidade.

A partir de então, o brilhante que tínhamos no interior da nossa alma, anteriormente opaco, passa, doravante, a brilhar.

A ORAÇÃO E O LIVRO

Há tempos, uma frase adentrou inumeráveis ouvidos, mergulhando fundo em muitos corações.

A frase dizia o seguinte:

"Quando oramos, falamos com Deus e, quando lemos, Deus fala conosco."

Ao refletirmos sobre estes dizeres, na verdade, eles evidenciam a presença do Pai em nossas vidas.

Quando oramos, na grande maioria das vezes, pedimos e, em algumas poucas, agradecemos. Mas, enfim, são momentos de íntimo colóquio com o Pai.

Todavia, quando tomamos o livro espírita em nossas mãos e folheamos as suas páginas, durante o tempo da nossa leitura, os amigos espirituais, emissários de Jesus, conversam mentalmente conosco.

Abrem-nos o coração, movimentam a nossa mente, fazem-nos refletir sobre o nosso hoje, amanhã e depois.

As frases que vão surgindo diante dos nossos olhos, sendo por nós captadas, adentrarão a nossa alma, como que fazendo-a brilhar, aguardando os dias que haverão de compor a nossa vida.

Por vezes, guardamos em nossa intimidade frases lidas, esquecendo-nos do livro, da fonte onde estavam grafadas; afinal, o importante é que penetraram em nosso coração, ficando ali guardadas, até o dia em que emergirão de dentro de nós, abraçando outros corações que, porventura, estejam necessitados.

O livro é um companheiro fiel que nos acompanha os passos por onde andarmos e, quando levado em nossa maleta de viagem, é luz que ilumina a nossa alma, clareando as estradas que ainda iremos percorrer.

Ao abri-lo, ele faz emergir da sua intimidade os valores que, talvez, estivessem por nós esquecidos.

Por todas essas razões, lembremo-nos sempre de que a vida pode nos importunar de muitas maneiras, com o objetivo único de nos ensinar, enquanto que o livro espírita jamais nos importuna, somente nos ensina.

A PACIÊNCIA

Todos têm o conhecimento de que o tesouro da paciência deve estar sempre presente na intimidade da nossa alma, para ser utilizada em muitos momentos da nossa vida, junto àqueles irmãos que nos rodeiam e que conosco caminham pelas estradas do mundo de provas e expiações.

Dos nossos lábios deverão sempre emergir palavras que adocicam o coração de quem nos escuta.

Os nossos ouvidos deverão estar sempre abertos para ouvir, avaliar, compreender e, por vezes, perdoar a quem nos dirigiu palavras inamistosas.

Os nossos braços deverão sempre estar abertos para todos aqueles que nos acompanham os passos, indo, muitas vezes, mais além, abraçar os que se encontram em solidão, em nostalgia, desalentados...

Jamais deveremos perder a paciência com os outros; todavia, deveremos ser impacientes para conosco, não permitindo que palavras destituídas de fraternidade visitem nossos lábios, que pensamentos hostis ocupem a nossa mente, que nossos braços, permaneçam indolentes, aguardando serem abraçados.

Devemos ser impacientes com as nossas pernas, para que elas se movimentem na direção de onde existir sofrimento, dor, falta de amor, de paz...

Deveremos ser pacientes para com o mundo que nos cerca, mas, impacientes para com a nossa indolência espiritual, que retarda o nosso encontro com Jesus.

Os anos correm céleres e, se deixarmos para amanhã as mudanças íntimas que deveremos fazer no hoje, continuaremos parados no tempo, talvez da mesma forma como estávamos parados no ontem.

A PALAVRA

Como sabemos, a união das letras formam palavras que podem ferir, acarinhar, enaltecer, criticar, entristecer, alegrar...

Assim, temos de estar atentos para com as nossas palavras, para que possam levar a paz aos ouvidos dos nossos irmãos de jornada que nos dão o privilégio da atenção.

Elas levam em sua essência um significado espiritual, ativo ou passivo. Por isso, antes de pronunciá-las, façamos com que passem pela mansuetude do nosso coração.

Os nossos lábios se movimentam, os sons vêm através da nossa voz, enquanto os ouvidos alheios as escutam. Quanta responsabilidade!

Cabe-nos indagar a respeito do que estamos fazendo para suavizar o conteúdo das palavras que, no dia a dia estamos utilizando.

Ao valermo-nos da crítica, criamos ao nosso redor confrontos, pelejas, inimizades, quando deveríamos promover a paz, a união, o amor.

Por essas razões, direcionemos o olhar espiritual para a intimidade da nossa alma, para melhor avaliarmos o dicionário de palavras que conhecemos, para bem utilizá-las durante o nosso percurso encarnatório, levando a paz aos corações que nos cercam.

Já lemos muitos livros, memorizamos frases, palavras, conceitos... Entretanto, nem sempre os nossos lábios seguem os conselhos que Jesus nos deixou e, assim agindo, em grande parte das vezes, as nossas palavras fluem, destituídas do Seu doce e generoso aval.

À SOMBRA DO ABACATEIRO

Muitas vezes, nas tardes de sábado, à sombra do abacateiro, recebia tantas e tantas caravanas de irmãos de ideal, que traziam em seu coração o perfume de Jesus.

Naquele recanto humilde, reuniam-se muitos irmãos que vinham de longe, para escutar minha modesta palavra; que esperavam de alguma forma dar-lhes ânimo para continuarem suas jornadas, muitas vezes difíceis de percorrer.

A leitura do Evangelho suscitava comentários das pessoas que ali estavam, eram apreciações sobre o cotidiano de cada uma; todavia, em sua essência, demonstravam o amor que sentiam por Jesus, mantendo-O presente em seus corações.

Quantas vezes, observando as criaturas que para lá se deslocavam, os meus olhos enchiam-se de lágrimas de gratidão por todas elas, pois mesmo estando a alguns metros de mim, era como se me abraçassem, agradecendo-me pelo que lhes havia proporcionado.

Entretanto, na minha intimidade, eu sabia que nada lhes fizera, mas sim, os amigos espirituais que trabalhavam o meu pensamento, a minha voz, a minha palavra, a minha credibilidade, possibilitando-me transmitir a todas as mensagens de que estavam necessitadas.

À medida que o tempo ia passando, as pessoas iam se sentindo envolvidas pelas palavras do Evangelho e, ao mesmo tempo em que isso acontecia, meu coração ia apresentando uma suave tristeza, que ia aumentando com o passar dos minutos, pois logo mais todos aqueles corações se encaminhariam de volta aos seus lares e eu ficaria só, simplesmente com a saudade das suas amoráveis companhias.

Terminada a preleção que, muitas vezes, Emmanuel fazia por meio da minha voz, a reunião se desfazia, quando os confrades e confreiras se abraçavam, numa transfusão de energia da qual eu, também, me beneficiava.

Ao mesmo tempo em que aqueles irmãos vinham ao meu encontro, utilizando-se de palavras amorosas, e abraços afetuosos, iam demonstrando os seus sentimentos pela minha pessoa, como se eu estivesse fazendo muito por eles, quando, na realidade, era eu que muito recebia.

Ao terminar aquela festa de espiritualidade, tendo os olhos marejados, vinham as despedidas e, depois delas, a saudade que continuaria presente em meu coração e no de todos que dali partiam.

Ajudar sempre

Quando os nossos pés ainda caminhavam pela Terra, quantos momentos vivenciamos; uns, sorrindo; outros, chorando.

Quantos corações amargurados, sofridos, vinham à nossa procura, na expectativa do remédio para as suas almas e a nós, devido aos limitados conhecimentos que tínhamos, só restava confiar no Alto, pedindo aos Espíritos que fizessem aquilo que a mim, irmãos de caminhada, estavam solicitando.

Quantas vezes meus ouvidos escutaram sinceras lamúrias, quantas vezes tentei amainar sofrimentos e aflições alheias...

Nesses momentos de extremas agruras, eu percebia minha pequenez.

Todavia, a minha vontade de ajudar era maior e, assim, numa súplica interna, eu pedia aos amigos espirituais que nos acompanhavam para fazer por mim o que os irmãos sofridos estavam esperando de mim.

As lágrimas, disfarçadamente, brotavam dos meus olhos e aqueles que estavam ao meu redor, por vezes, esboçavam tímido sorriso, como se estivessem a me dizer: "você compartilha comigo as minhas dores".

E assim fui caminhando por anos a fio, procurando sempre dar o melhor de mim, no intuito de levar às pessoas a esperança e a paz que esperavam.

Por isso, não importam quais momentos a vida nos reserva, pois o importante é que sabemos estar sempre acompanhados e ajudados pelos servidores de Jesus.

ALEGRIA DA COMPREENSÃO

Vivenciamos experiências as mais diversas, neste mundo de provas e expiações.

As cenas que vemos, a maioria delas não nos agradam, porém continuamos nossa jornada, na expectativa de que outras ilustrações venham a surgir diante dos nossos olhos, enquanto sons maviosos venham adentrar os nossos ouvidos.

Continuando nossa caminhada pelas estradas da vida, reparamos que pessoas várias costumam trazer um sorriso alegrando seus semblantes.

Algumas vezes, porém, percebemos também que as suas almas choram, mas suas lágrimas não brotam dos seus olhos, para que não venham entristecer aqueles que, com elas, estejam presentes ou convivam.

Na caridade dos seus sentimentos, nem mesmo se dão o direito de chorar, para que a tristeza não venha agasalhar aqueles irmãos que as rodeiam e que ainda não compreendem os ditames da vida.

Nós que estamos, a cada dia, aprofundando-nos no conhecimento da espiritualidade, independentemente dos momentos aflitivos, dolorosos, inseguros e temerários que estiverem vindo ao nosso encontro ou que já nos fazem companhia, jamais permitamos que a compreensão deixe de estar presente em nossa alma.

Às vezes, temos vontade de chorar, procurando desabafar as angústias que nos visitam; entretanto, tão logo nos colocamos à disposição de Jesus, as entendamos como sendo lições oportunas e, desta forma, passamos a sentir, em nossa alma, uma alegria diferente que denominamos alegria da compreensão, pois sabemos que tudo passa e que os momentos difíceis também passarão.

Assim sendo, fica bem claro, a todos nós, que a alegria da compreensão faz a nossa alma sorrir, pois tudo passa e, amanhã, será um novo dia.

ALEGRIA DO CONVÍVIO

Quando estava encarnado, trabalhando na seara de Jesus, debruçado sobre as folhas de papel, as horas passavam, muitas vezes, tendo como companhia os amigos espirituais que me auxiliavam na caminhada.

Quantas vezes escutava suas palavras, seus conselhos, indo de imediato atingir o meu coração, trazendo-me a alegria da amizade e da paz.

As horas iam passando, enquanto a minha mão e minha mente iam trabalhando, movidas pelo amor.

Quando a noite se aproximava, a alegria tornava-se mais intensa, pois eu iria me encontrar com irmãos encarnados que aguardavam, felizes, pela minha modesta presença, desfrutando todos, de salutar convívio.

Quando eu adentrava o Grupo Espírita de Prece, meus ouvidos escutavam doces palavras que alegravam o meu coração, dando-me ânimo para continuar na minha feliz caminhada.

Os abraços, os sorrisos, as palavras eram tantas que não havia tempo para que pudesse atender a tantos corações, mas eu o fazia através da minha alma, a todos agradecido.

Meus olhos observavam todas aquelas criaturas, enquanto o meu sorriso físico expressava a alegria da minha intimidade, tentando consolar aqueles irmãos, muitos deles acossados pelas dores e sofrimentos.

Aquelas cenas eu as guardava na minha retina espiritual e, todas as vezes que a solidão tentava me abraçar, eu delas me lembrava, agradecido, adquirindo ânimo e otimismo para continuar servindo a Jesus.

ALERTA

Por meio de diversos livros estamos sendo esclarecidos a respeito do envolvimento do nosso planeta por fluidos negativos, pesados.

Essa atmosfera fluídica que envolve todo o nosso globo tem como principal elemento poluidor, o temor.

Toda a humanidade está passando por este estágio, tratando-se de um temor variado, tendo muitas formas como o temor da morte, do desemprego, da falta de dinheiro, de mentes em desalinho, temor do amanhã...

Essa atmosfera fluídica vai envolvendo todos nós, sem exceção, tornando-se necessário que durante a nossa jornada diária tenhamos a mente sempre arejada, com bons pensamentos, pois qualquer deslize de nossa parte nos ligará a esses fluidos negativos, perniciosos, abrindo as portas da nossa alma, prejudicando e retardando a nossa caminhada.

Por essas razões, o sábio conselho de Jesus: "Orai e Vigiai" nunca foi tão oportuno como agora.

ALMA PERFUMADA

É bem comum os nossos ouvidos escutarem palavras ou sons que penetram em nossa alma, incitando-nos a chorar ou a sorrir.

Quando ouvimos uma canção que nos fala ao coração, ao sentimento, cujas palavras e sons movimentam-se dentro de nós, podemos tentar imaginar aquela criatura que as compôs e grafou sobre o papel, assim como, o que, naqueles momentos, estava se passando em sua vida, em sua intimidade.

Como já dissemos antes, "que somos como cana-de-açúcar, pois se não passarmos pela moenda, não adoçaremos a vida de ninguém", entendamos que essas criaturas que presenteiam o nosso mundo com suas criações em forma de músicas, mensagens, narrativas... Sensibilizando-nos, passaram, também, pela tal moenda, para que a sensibilidade viesse à tona, encantando os corações, amenizando a vida de tantos.

Por isso vamos estar sempre atentos para enxergarmos além daquilo que os nossos olhos veem, esforçando-nos para enxergar com os olhos da alma, pois eles são capazes de detectar, visualizar, os momentos pelos quais as pessoas que estão ao nosso derredor estão vivenciando e, assim sendo, ao percebermos as suas carências, vamos procurar, por intermédio da palavra, confortá-las, pois essas mesmas palavras trazem em seu bojo o perfume amoroso da nossa alma.

AMIGOS ESPIRITUAIS

Confesso que sinto saudade daquele companheiro fiel e dedicado que estava sempre ao meu lado, muitas vezes admoestando-me para que eu não saísse do caminho que Jesus para todos traçou.

Quantas vezes, na solidão do meu lar, eu encontrava na presença deste amigo a paz de que minha alma estava necessitando.

Apesar de fisicamente estar só, eu percebia que Jesus não me abandonava, e quando o sono não vinha ao encontro da minha mente e dos meus olhos, eu buscava o amigo lápis, as folhas humildes e sobre elas exprimia tudo aquilo que o meu coração sentia.

Tão logo tinha o lápis na mão, eu recebia a visita de amigos espirituais que sorriam para mim, dizendo-me: "Estamos aqui, fazendo-lhe companhia".

Portanto, quando nos sentimos sós, incomodados pelas doenças, infortúnios, dificuldades próprias deste mundo de provas e expiações, busquemos um canto do nosso lar, permaneçamos ali alguns momentos e, de repente, a alegria irá voltar ao nosso coração, transferindo-se para o nosso semblante, pois na realidade Jesus, por intermédio dos amigos espirituais, estará bem junto de nós, incentivando-nos a prosseguir, confiantes no amanhã.

Amizade

No dia a dia das nossas existências, vivemos experiências as mais diversas, pois, por vezes, nossos lábios sorriem, outras tantas, o nosso coração chora.

Neste caminhar incessante, surgem-nos oportunidades de levar a nossa presença, a nossa palavra e o nosso amor às pessoas que conosco caminham pelas estradas da vida.

Quando nos empenhamos para que fluam doces palavras dos nossos lábios, os corações que as escutam sentem-se banhar de satisfação, fazendo com que o sorriso apareça nos seus lábios, enquanto os seus olhos ilustram alegria.

É por intermédio da palavra que os corações se aproximam ou se distanciam, sorriem ou choram.

Todas as vezes que nos utilizarmos da boa palavra, não há como deixarmos de sentir a presença de Jesus ao nosso lado, incentivando-nos a assim continuar.

Desta forma agindo, vamos conquistando ouvidos e corações, fortalecendo as amizades já existentes, conquistando outras, tanto aqui na Terra como no Além.

A amizade é também o ponto de ligação entre quem partiu para o mundo espiritual e quem permaneceu aqui no chão da Terra, falando entre si a linguagem do coração.

Por isso, ao conquistarmos a amizade de alguém, estaremos conquistando um grande tesouro para o nosso hoje, amanhã e depois, tal qual Jesus fez conosco quando esteve na Terra.

A amizade é o fio invisível que mantém ligados os corações que se respeitam e que se amam.

AMOROSA RECEPÇÃO

Quando empreendemos a viagem de volta à pátria espiritual, tendo no coração a alegria de termos cumprido a tarefa terrena a que nos propusemos, ao adentrarmos os portões da espiritualidade, amigos queridos de outrora vêm ao nosso encontro, abraçando-nos, beijando-nos o rosto, amainando a saudade que sentiam de nós.

Passada a euforia do reencontro, quando nos recolhemos a local propício que, de acordo com o nosso mérito nos fora destinado, passamos a sentir saudade daqueles que na Terra, ficaram e que, de alguma forma, nos acompanharam a caminhada com palavras, ações, companhia, atenções....

A saudade é profunda, todavia, entendemos que a vida espiritual recomeça e outras tarefas virão ao nosso encontro, tão logo estejamos preparados para tal.

E assim, aos poucos, a saudade vai amenizando, mas o amor continua e, de tempos em tempos, quando o coração fala mais alto, gritando a saudade que sentimos, amigos espirituais nos reconduzem à Terra, para aliviarmos este nosso sentir, frente àqueles que compuseram o nosso destino.

É assim que somos recebidos no Além, na mesma medida que amamos, quando estávamos do lado de cá.

Assim sendo, tenhamos sempre em mente, que o processo da ação e da reação está presente nos dois planos, norteando os nossos passos e, quando voltarmos à pátria espiritual, de acordo com o nosso mérito, amigos de outrora virão ao nosso encontro, dizendo ao nosso coração: "Valeu a pena amar".

Antes da Grande Passagem

Durante a nossa jornada terrena, logicamente, vivenciamos as mais diversas experiências, mesclando alegrias, tristezas, tranquilidade, apreensões...

Nesses altos e baixos da vida, por vezes pode nos ocorrer pensar, como será o momento do nosso desencarne? Como haveremos de enfrentá-lo, enquanto a nossa alma ainda estiver cativa do corpo físico?

Se tivermos nos conduzido bem pelas estradas do mundo, por certo seremos bem recebidos no Além, onde Espíritos amigos nos aguardam. Caso contrário...

Se houvermos, fraternalmente conduzido o nosso destino, nos instantes que antecedem o nosso desencarne, poderemos ter a ventura de enxergar Espíritos queridos de outrora a nos rodearem, presenteando-nos com sorrisos e abraços, amenizando a nossa passagem para a pátria espiritual.

Se assim for, guardaremos em nossa memória espiritual esses inesquecíveis momentos, quando, então, silenciosamente, diremos para nós mesmos: "Como foi bom servir a Jesus!".

AO BUSCARMOS O LEITO

Remanescentes de tantas encarnações, aqui estamos em busca do aprendizado e da evolução.

A cada dia, situações diferentes vêm ao nosso encontro, exigindo-nos trabalho, empenho e dedicação.

Aqui e acolá, as cenas ocorrem, os sons eclodem e nós continuamos nossa jornada.

Quando nos dirigimos ao leito para o descanso natural do corpo físico e o sono não vem nos abraçar, os nossos pensamentos voejam, muitas vezes em busca de um passado que o tempo e o vento levaram.

Recordamo-nos das pessoas que conosco conviveram no período da infância e que nos enlaçavam o coração, fazendo-nos amar a vida, pois só bondade nos ofertavam.

Lembramo-nos dos companheiros que vivenciaram experiências conosco, umas vezes sorrindo, outras vezes chorando, mas, que, de alguma forma, impactaram a nossa alma.

Assim, os nossos pensamentos caminham e quando o sono parece que nos abandonou, sentimos no peito algo que a língua portuguesa nos explica com a palavra "saudade".

É uma mescla de tristeza e de alegria, porque não mais convivemos com essas criaturas que algum dia caminharam conosco, afagaram os nossos cabelos, abraçaram-nos junto ao colo e, partindo para o além, deixaram-nos saudade daqueles momentos que juntos desfrutamos.

Quando encarnados, a palavra saudade nos acompanha a toda hora, a todo o momento.

Quando estamos sós, muitas vezes sentimos saudade, sem que consigamos distinguir de quem e de onde provém, simplesmente, está presente em nossa alma.

É saudade de todos aqueles queridos que já se foram para o além; por vezes, é uma saudade indefinível, talvez, de irmãos outros que deixamos do lado de lá, quando reencarnamos do lado de cá.

A saudade é uma manifestação da nossa intimidade sentimental, é sinal de que sabemos amar e de que somos gratos àqueles que nos acompanham e que nos acompanharam durante a nossa caminhada.

Este sentimento perdura enquanto estamos encarnados; todavia, quando já estamos no além, desencarnados, dependendo do estado evolutivo em que nos encontramos, quando ela nos dá os primeiros sinais da sua presença, dirigimo-nos ao encontro dos irmãos queridos, envolvendo-os no mel que temos no coração, aliviando assim a saudade que tentava nos enlaçar.

AS CASAS ESPÍRITAS

Todos nós estamos convictos de que a humanidade, no agora, vivencia experiências múltiplas, neste mar revolto de provas e expiações, como jamais estivera antes.

À medida que aumenta a população do mundo, em grande parte distanciada de Jesus, os irmãos de jornada não sabem quais as estradas que deverão seguir e, distraídos, perdidos, enveredam por caminhos tortuosos que irão levá-los a lugar algum.

Não têm a bússola que lhes indique a direção correta, não vislumbram a estrada iluminada para que possam segui-la e, assim, na escuridão dos seus corações, não conseguem identificar as veredas que o Pai da vida está lhes mostrando.

O espiritismo é a luz, é a bússola que, gradualmente, irá conduzindo as pessoas para o porto seguro do amor.

As casas espíritas são locais acolhedores, onde corações chorosos buscam os lenços do amor que lhes enxuguem as lágrimas.

Essas casas modestas na alvenaria, mas ricas em espiritualidade é que perfumam as almas carentes, sedentas de Jesus.

Esses locais abençoados, que se espalham por todo o Brasil, constituem o porto seguro onde os corações sofridos vêm buscar amparo e guarida.

Por isso, tarefeiros que somos desses núcleos de incondicional amor fraterno, devemos nos manter perseverantes e conscientes do nosso trabalho, dada a importância que essas instituições representam na divulgação dos sublimes ensinamentos de Jesus.

AS DOENÇAS E OS RESGATES

Outrora, quando acometidos por agressivas enfermidades, as pessoas tinham um veredito funesto firmado para os seus amanhãs.

Nos tempos atuais, existem doenças que, controladas, mantêm-se ao longo do tempo, dando aos seus hospedeiros a oportunidade de resgatar as faltas cometidas nesta e em encarnações passadas.

Em nosso dia a dia, notamos irmãos com problemas físicos evidentes e, por vezes, temos de conviver com eles, por pouco ou muito tempo, quando, então, resgatamos débitos do passado.

Assistimos também se apresentarem doenças fulminantes que, em grande parte, provêm do acúmulo de fluidos negativos armazenados ao longo das encarnações. São pessoas que se revoltam, não aceitando os ditames da vida, sofrendo os impactos da descida agressiva dos fluidos para o corpo físico, chegando, até mesmo a desencarnarem.

Quando aceitamos com consciente resignação os momentos difíceis que a vida nos impõe, entendemos como oportunidade que estamos tendo, para que nossa alma volte a ter o brilho de antes.

As doenças desconhecidas que atualmente estão surgindo, aqui e acolá, é porque não temos mais tempo para deixar para o amanhã o que temos de fazer no hoje.

O momento é agora e, por isso, recebamos os impactos da vida com serenidade, pois, assim agindo, estaremos agilizando a nossa evolução espiritual.

Nós não estamos sós, pois em todos os momentos de aflições íntimas Jesus abraça a nossa alma para que não percamos as esperanças no nosso amanhã, continuando a caminhada para, no momento oportuno, nos encontrarmos com o Seu doce coração.

Aspereza das Estradas

Somos surpreendidos a cada momento por algo diferente, inusitado.

Por vezes sorrimos, ilustrando a alegria que nos invade a intimidade; outras vezes, porém, as lágrimas brotam, revelando a tristeza que abraça o nosso coração.

Porém, movidos pelo amor de Jesus, continuamos a nossa caminhada.

Algumas vezes, nossos pés sangram, devido à aspereza das estradas, mas mesmo assim, com a dor aprofundando-se em nossa alma, continuamos, porque temos a consciência e a certeza de que Jesus nos acompanha os passos, dando-nos a energia suficiente para que possamos chegar ao final das nossas vidas não trazendo nas mãos, mas sim, no coração, o troféu da vitória em Jesus.

Nessa longa jornada, quando as dores são constantes, intensas, nem sempre conseguimos exprimir por intermédio das nossas palavras, os sofrimentos íntimos que ferem a nossa alma combalida.

Mesmo assim, trazendo na nossa intimidade a caridade de Jesus, não nos esquecemos de ninguém que sofre, nem mesmo daqueles que conosco conviveram por alguns poucos momentos, pois de alguma forma e por algum tempo, fizeram parte da nossa caminhada.

Assim, com o coração cansado, maltratado pelas refregas diárias, buscamos o aconchego do leito para aliviar nossas tensões, quando então, no silêncio do nosso quarto, nossa voz emudece, nossos olhos se fecham, como se estivessem enxergando apenas a intimidade da nossa alma.

Nesses momentos de completa paz, vibramos por todos os irmãos que sofrem, dentre os quais nos incluímos, tendo a certeza de que Jesus, a todos ampara, preparando-nos e fortalecendo-nos para vivenciarmos um novo amanhã.

BATALHA VENCIDA

Quando ainda militava neste planeta azul, como todos, recebia da vida impactos os mais diversos.

Uns mais amenos, outros mais contundentes e, na somatória deles, fui me acautelando das minhas próprias reações.

Às vezes, sentia vontade de revidar, mas imediatamente amainava as minhas tendências e transformava o revide em perdão.

Sempre que tal ocorria, não havia como explicar a alegria que eu sentia, pois de alguma forma, havia dominado a mim mesmo, mantendo-me em silêncio.

Com o passar do tempo, nesse silêncio natural que a vida foi me ensinando, eu comecei a utilizá-lo em muitos outros momentos.

Alguns me imaginavam covarde; outros, que eu estava me distanciando da peleja, adiando-a e, outros mais que dela eu estava desertando.

Na verdade, eu pensava em poupar com o meu silêncio aquele que tinha se utilizado de palavras inamistosas a meu respeito e, assim agindo, o meu coração foi escudando-se da maldade, retribuindo em forma de perdão o que estava recebendo em forma de desamor.

E quando me recolhia ao leito para refazer-me da lida diária, muitas vezes, silenciosamente, os amigos espirituais sorriam para mim, como se me dissessem: "Mais uma batalha vencida".

BORRACHA DA COMPREENSÃO

A cada momento, a vida nos reserva um tipo de experiência.

Por vezes, sentimos dores físicas e, outras tantas, dores morais.

A grande maioria das pessoas, quando sente o ferrete da dor, desanima, desespera-se, perde o equilíbrio, a postura e não é raro virar-se contra o Pai da vida, criticando-O pela situação difícil que esteja passando.

Porém, aquelas que já caminham com o coração ligado ao de Jesus, independentemente da experiência que estejam vivenciando, o fazem com a certeza do aprendizado, da lição que a vida está lhes ministrando.

Sendo assim, um sorriso tímido, suave, brota dos seus lábios, enquanto a esperança é ilustrada pelos seus semblantes serenos, demonstrando terem entendido o momento pelo qual estão passando.

Amainados os momentos mais agudos, acabam por sentir uma satisfação íntima, inexplicável até, pois é a certeza de que Jesus está acompanhando os seus passos e como diz a mensagem "Pegadas na areia", muitas vezes Ele as carregou no colo.

Passada a tormenta, aqueles momentos difíceis vão sendo apagados pela borracha da compreensão, só lhes restando as lembranças de que, em momento algum, Jesus as houvera deixado.

CAMINHOS ESPIRITUAIS

Ao despertarmos para um novo dia, nossos corações enchem-se de esperanças, tendo em vista as horas que iremos passar vivendo experiências as mais diversas.

A vida transcorre célere, as pessoas movimentam-se com rapidez e ansiedade, indo em busca dos seus próprios destinos.

Dificilmente param para pensar, avaliar os caminhos espirituais que deveriam seguir, pois utilizam o tempo de que dispõem para partirem em busca da moeda que, esperam, irá trazer-lhes tranquilidade e paz.

Iludidos que estão, não se apercebem que as horas vão passando, os dias transcorrendo e suas almas continuam distantes das estradas da espiritualidade.

Sendo assim, é comum assistirmos seus olhos chorarem, seus semblantes entristecerem-se, surpreendidos que estão pelos acontecimentos que a vida lhes propõe.

Mesmo assim, distraídos quanto às suas responsabilidades espirituais, continuam suas romagens, dedicando tempo precioso à matéria e praticamente nenhum para o Espírito.

A vida vai lhes ilustrando situações as mais diversas, propondo-lhes as mais variadas opções e também questionamentos, colocando-os diante de obstáculos e dificuldades para que possam parar, refletir e raciocinar.

Porém, tão logo conseguem alcançar o sucesso em seus objetivos, esquecem-se outra vez do seu Espírito e continuam navegando neste mar revolto de vicissitudes, à deriva do coração de Jesus.

CANETA AMOROSA

Que saudade sentimos ao nos recordar dos dias passados, quando desfrutávamos da companhia de tantos irmãos de ideal.

Reuníamos com muita frequência e, nessas ocasiões, a palavra fluía dos corações cheios de amor.

As horas passavam e as nossas almas enriqueciam-se de conhecimentos e de sabedoria espiritual.

Cada qual que ali se encontrava presente relatava a sua experiência, a sua história, a sequência de acontecimentos da sua vida...

Em algumas oportunidades, palavras sem conteúdo, sem fundamento também eram pronunciadas, quando então o vento as levava.

Em outras ocasiões, porém, eram ditas palavras amorosas que enfeitavam a nossa vida e a de quantos caminhavam pelas mesmas calçadas de Jesus.

Atitudes e ações que nos conduziam pelas veredas do bem também eram relatadas.

Enfim, com o passar do tempo, as páginas das nossas vidas vão sendo preenchidas, por nós mesmos, com as tintas coloridas ou escuras que haverão de enfeitar ou não o nosso amanhã.

As folhas em branco estão diante de nós e a maneira mais correta para preenchê-las é a de utilizarmo-nos da caneta amorosa que se encontra guardada em nosso coração.

CANSAÇO DA ALMA

O cansaço nesses dias está presente em muitos corações. Irmãos daqui e de lá, sentem-se envolvidos por um cansaço diferente, que não os deixa caminhar como gostariam.

É como se suas almas se sentissem incomodadas, como se lhes faltassem o oxigênio da vida.

Na realidade, falta-lhes amor, pois encontram-se, em sua grande maioria, distantes de Jesus, muitas vezes provocando a discórdia, o desconforto entre os demais irmãos de jornada.

Dos seus lábios nos é difícil escutar boas palavras; dos seus olhares, não conseguimos enxergar ternura; dos seus ouvidos, não conseguimos perceber a paciência; das suas mãos, não conseguimos visualizar a caridade, enquanto seus corações encontram-se deserdados do amor.

Assim agindo, esses irmãos não conseguem oxigenar suas almas, é como se estivessem respirando o ar poluído do desamor, distantes que estão das veredas do Cristo.

Por essas razões, reservemos alguns instantes para conversar pelas vias do pensamento com Jesus, para que possamos compreender esses irmãos de caminhada que se encontram à deriva do amor, pois assim agindo, apesar do envolvimento fluídico desagradável que envolve o nosso planeta, conseguiremos manter um mínimo de paz, paz esta que Jesus coloca em nosso coração.

CARGA PESADA

Outrora, quando acometidos de certas enfermidades, já estávamos com o veredito firmado para o nosso amanhã.

Hoje, com a tecnologia avançada da medicina, muitas doenças que ontem eram fatais, agora são monitoradas para que o seu hospedeiro possa gradualmente ir se desvencilhando da carga trazida muitas vezes de encarnações anteriores.

Assim, quando aceitamos com consciente resignação os momentos doridos que estamos vivenciando e que, por vezes, poderíamos chamar de calvário, na verdade é uma oportunidade que estamos recebendo do Alto, para que a nossa alma possa luzir.

Certas doenças mais graves que estamos assistindo aqui e acolá, ocorrem porque os tempos são chegados e não há mais como deixar para a próxima encarnação o resgate necessário.

O momento é agora e, por isso, devemos acolher as enfermidades como bênçãos para agilizar nossa redenção.

Nós não estamos sós, em todas essas horas de reflexão íntima Jesus não se afasta de nós, para que não percamos as esperanças e continuemos nossa caminhada para, no momento oportuno, encontrarmo-nos definitivamente com o Seu amoroso coração.

Carisma de Jesus

Quando Jesus caminhava pelo chão da Terra, levava aos corações sofridos a Sua paz.

Quando se encontrava diante de irmãos do caminho, seu olhar percorria os seus semblantes e, por meio da leitura espiritual de cada um, Jesus diagnosticava cada uma daquelas almas sofridas que ali, naquela época tão tumultuada, vivenciavam experiências.

A Sua voz era como anestésico para aqueles irmãos, acalmando-os das pelejas que já haviam experimentado e daquelas que ainda iriam enfrentar.

As Suas mãos, os Seus gestos evidenciavam a gentileza e a simplicidade, e ao mesmo tempo a energia amorosa que se irradiava por intermédio da sua presença.

Quando caminhava, Seus passos eram calmos, porém seguros do caminho que haveria de trilhar.

Sua figura, como um todo, irradiava uma paz incondicional, proveniente da Sua aura amorosa, e todos aqueles que por ela eram envolvidos sentiam como se o coração de Jesus palpitasse em seus próprios.

Jamais iremos encontrar pessoas com este incomparável carisma de Jesus, todavia, todos aqueles que se esforçam para conhecer e praticar os Seus ensinamentos, aos poucos vão anexando à sua alma, um certo carisma, ilustrado pela doçura das palavras, pela ternura do olhar, pela paciência do escutar...

Espíritas que somos, não nos esqueçamos de que o que já sabemos da nossa Doutrina Consoladora, aliado à prática dos seus ensinamentos, aos poucos vão delineando o nosso próprio carisma, espelhado sempre no de Jesus.

Cartório de aprovação

No seu dia a dia, o ser humano, ainda mergulhado na matéria densa e ilusória, constantemente espera do mundo a aprovação dos irmãos de jornada que o rodeiam e que com ele caminham.

Está sempre pensando na hipótese de ser aprovado em suas atitudes e suas ações.

Iludido pelos aplausos, esquece-se da aprovação de Jesus que, verdadeiramente, é quem nos aprova o proceder.

Às vezes, as pessoas o glorificam, enaltecem e, equivocado, atribui-se valores que não possui, pois, nem sempre as palavras e atitudes por ele tomadas fazem parte do dicionário de Jesus.

Por essas razões, todas as vezes que agimos por intermédio de palavras, atitudes e ações beneficiando a quem quer que seja, não tenhamos dúvidas, pois todas elas foram aprovadas pelo cartório de Jesus.

CENAS E SONS

Se observarmos tudo aquilo que acontece em nosso derredor, iremos nos entristecer constantemente, pois as cenas que se desenvolvem e os sons que escutamos, nem sempre são compatíveis com os nossos sentimentos.

Nossas almas anseiam por amor, por paz, por alegria... Entretanto, o mundo é farto de momentos difíceis, que nos trazem ao coração perspectivas pessimistas para os dias vindouros.

Assim sendo, os nossos passos diminuem em rapidez e em confiança, pois nos sentimos como mais um ser humano à deriva, neste mar imenso de vicissitudes e provações.

As dores surgem, a cada momento, provenientes de situações e pessoas as mais diferentes, escurecendo os nossos dias, apagando as nossas esperanças.

Por isso, nestes dias difíceis que a humanidade está atravessando, sejamos nós, onde e com quem estivermos, os vanguardeiros da esperança, levando para aqueles que estão à nossa volta, a alegria dos nossos sorrisos, o otimismo dos nossos corações, o olhar vibrante, como se estivéssemos enxergando um melhor porvir.

Não nos desanimemos. Em momento algum a alegria deve se afastar de nós, pois, se assim for, a tristeza ocupará o seu lugar e, cabisbaixos caminharemos, levando no bojo de nossa alma a melancolia que nos acolheu.

Por isso, busquemos o concurso de Jesus, reservemos alguns minutos dos nossos dias para com Ele conversar e Ele, amorosamente, nos dará as esperanças para podermos continuar.

Com a ajuda de Jesus

Quando reencarnamos, aos poucos vamos nos sentindo amados, em princípio pelos nossos familiares, os quais nos envolvem em ondas de carinho, de afeto, de amor.

O tempo vai passando, outros irmãos de jornada vamos conhecendo e, de nós, se aproximando, entrelaçando-se com o nosso coração.

Nossas palavras passam a dirigir-se para muitos outros irmãos, ampliando assim o núcleo do nosso convívio, os laços de amizade e de afeto.

Nossos ouvidos passam a escutar outras vozes, provenientes de outros lábios, alegrando-nos com suas companhias.

Os dias, meses e anos vão passando no calendário da vida e, mais atentos, percebemos que muitas criaturas passam a nos acompanhar os passos e, assim, nos damos conta de que não estamos sós, pois, de alguma forma e, aos poucos, fomos conquistando tantos e tantos corações, contando sempre com a ajuda de Jesus e com a humildade que Ele nos ensinou.

COMECE A AMAR

Caminhando pelas estradas da vida, muitas vezes, nossos ouvidos escutam palavras rústicas, provindas por vezes daqueles que caminham conosco na mesma calçada.

Ficamos um tanto quanto aturdidos pelos sons agressivos que elas carregam em si, fazendo-nos decepcionar com as pessoas, com o mundo.

A partir daqueles momentos, passamos a ter dificuldades para perceber palavras que adocicam a nossa alma, pois, deixamos nos envolver pelo negativismo daquelas das quais fomos alvo.

Todavia, se nós passássemos a refletir um pouco mais, chegaríamos à conclusão de que aqueles lábios que pronunciaram palavras ásperas, talvez os seus ouvidos jamais escutaram palavras doces e, por esse motivo, os seus lábios não conseguem pronunciar o que os seus ouvidos jamais escutaram.

Por essa razão, todas as vezes que ouvimos palavras destituídas de doçura, que venham ferir a nossa alma, façamos alguns instantes de reflexão e haveremos de entender que quem expõe o verbo infeliz, talvez seus ouvidos jamais escutaram uma palavra de amor.

Assim, se não conseguirmos retribuir para alguém palavras de carinho, ao retornarmos ao nosso lar, no aconchego do nosso leito, peçamos a Jesus que fale ao coração desse nosso irmão para que ele comece a amar.

Coroa da humildade

Não é incomum vermos irmãos de jornada transitando pelas estradas da vida, colocando em si mesmos as coroas da vaidade, da soberba, do desdém, do desamor...

Caminham vagarosamente para que todos reparem nas suas gloríolas efêmeras, transitórias.

Porém, assim pensando, não imaginam que as pessoas não os veem assim, pois, na verdade, essas coroas que em si mesmos colocaram, só eles percebem, enquanto os outros corações não conseguem enxergar o que só eles enxergam.

Na realidade, são companheiros do caminho, necessitados da nossa compreensão e do nosso amor, não da nossa crítica, nem das nossas palavras menos amistosas.

É necessário que vibremos por eles, para que entendam que essas coroas de nada valem, pois o mais importante são as joias que Jesus coloca em nossos corações.

Com o passar do tempo, esses irmãos distraídos assistirão seus cabelos embranquecerem, seus corpos cansarem-se, apercebendo-se de que as tais gloríolas nenhum bem lhes fizeram.

Enfim, muitos deles, nos momentos extremos de suas vidas, ajoelham-se espiritualmente diante de Jesus, dizendo com toda a sinceridade:

"Jesus, coloque em minha alma a coroa da humildade, só isto eu Lhe peço!

Dar sem esperar receber

Nós reencarnamos neste mundo de Provas e Expiações com o propósito de eliminar o egoísmo que ainda impera em nós, aprendendo a dar mais e receber menos.

Doamos através do olhar, do silêncio paciencioso, das nossas palavras, das nossas mãos, da nossa companhia, do nosso amor...

Se viemos para dar, é que somos possuidores dos tesouros da vida e, todas as vezes que doamos algo para alguém, Jesus nos devolve em forma de benesses.

Assim agindo, mais e mais vamos nos sentindo motivados a dar, levando aos corações que nos cercam, uma porção do nosso amor e aos ouvidos que nos escutam a alegria da nossa atenção, do nosso carinho, da nossa amizade.

Entretanto, em muitas ocasiões, esses nossos tesouros ficam reclusos na intimidade da nossa alma e temos dificuldades para doá-los àqueles que necessitam, porque substituímos o bem que poderia ser dado, pelas bagatelas do mundo, pelo egoísmo que ainda nos persegue.

Se olharmos mais atentamente para as pessoas, vamos senti-las mais ou menos necessitadas, cabendo a nós auxiliá-las, pois sempre temos algo a lhes oferecer.

Quando os nossos lábios se fecham, os nossos braços não se abrem, as nossas pernas não se locomovem para darmos algo para alguém, é sinal de que pouco possuímos.

Em vista disso, tenhamos sempre a ternura no olhar, a paciência nos ouvidos, a palavra doce nos lábios, a caridade nas mãos e muito, muito amor no coração para que possamos distribuir a todos aqueles que estão ao nosso redor.

Quando assim agirmos, Jesus está presente em nossos olhos, em nossos lábios, em nossas mãos e em nosso coração.

Tenhamos sempre presente o bom humor por onde passarmos e com quem estivermos, demonstrando a todos que somos ricos dos tesouros da alma que o Pai da vida, por intermédio de Jesus, nos legou.

DE BRAÇOS ABERTOS

Quando Jesus estava com os braços abertos, pregado à cruz, em dado momento, olhando para o alto, disse: "Pai, perdoai-os porque não sabem o que fazem".

Naquele instante bendito não podíamos imaginar a compaixão que o Mestre sentia por todos aqueles irmãos que se encontravam no mundo físico e no mundo espiritual, pois sabia que, com o passar do tempo, haveriam de ocorrer às reencarnações, proporcionando a cada um a oportunidade de evoluir nas sendas do bem.

A compaixão de Jesus é plena de amor incondicional, amor que agasalha todos os sofridos da vida que tentam encontrar a paz.

Distraídos que estão pelos apelos que a matéria lhes faz, caminham, perdendo seus focos e o foco principal, que é o Cristo.

Seduzidos pelas gloríolas e sensações efêmeras do mundo, não conseguem sentir Jesus.

Do lado de cá, amigos espirituais acompanham-lhes amorosamente os passos, para que não venham a escorregar.

Mesmo assim, continuando distraídos, não percebem as benesses que lhes são entregues a cada momento pelo alto.

Os Espíritos, pacientemente acompanham tantos, procurando levar-lhes aos corações a paz que já conquistaram para si próprios.

Todavia, apesar de todos os esforços desses amigos do além, na maioria das vezes nossos irmãos encarnados não conseguem escutar os sons amorosos provenientes do lado de cá e continuam caminhando a esmo, sem rumo, tentando encontrar a felicidade, desconhecendo que a verdadeira felicidade é a de ter Jesus no coração.

DE BRAÇOS DADOS COM JESUS

A cada novo dia somos impelidos a passar pelas mais diversas experiências.

Algumas nos fazem sorrir, outras nos fazem apreensivos; outras nos trazem o desalento e, outras tantas, momentos de tristeza.

São tantas as ocorrências desde o momento em que nascemos, que se torna, de nossa parte, imprevisível dizer qual delas ainda vamos ter de experienciar.

Não é incomum levantarmo-nos do leito, felizes e, depois, por causa de uma notícia, de um comentário, de um fato, passarmos para momentos de apreensão, de expectativa, de suspense, de descrédito, de decepção, de tristeza...

Portanto, é difícil para nós vivermos em paz, pois são tantos os impactos que vêm ao nosso encontro, que não há como prevê-los, nem tampouco resolvê-los como gostaríamos.

Todas essas razões nos fazem sentir impelidos a fortalecer a nossa alma, para que possamos enfrentar qualquer problema que vier em nossa direção, mas não de forma arbitrária, inconsequente, antifraterna, mas sim, de forma a solucioná-los sem prejudicar a ninguém, conseguindo-nos vitórias em cada uma dessas pequenas ou grandes pelejas. Para isso, não existem fórmulas nem manuais de instruções, só precisamos ter Jesus no coração, pois O tendo, nós haveremos de compreender tudo o que a vida nos revela, não só quando choramos como, também, quando sorrimos.

Então, lembremo-nos que para conseguir enfrentar com sucesso os obstáculos que a vida nos propõe, é preciso sempre andarmos acompanhados e de braços dados com Jesus.

DE LÁ E DE CÁ

Quando me encontrava encarnado, esforçando-me para servir a Jesus, me propus a receber mensagens de irmãos que já haviam partido do mundo da matéria e que se encontravam no mundo espiritual.

Enquanto, em trabalho, eu permanecia recebendo os pensamentos amorosos de quem houvera partido, quantas vezes a minha alma chorou, vivenciando aquelas experiências de lá e de cá.

As laudas iam sendo escritas, aparentemente com naturalidade, enquanto eu sentia as dores das almas daquelas criaturas que tanto se amavam.

As horas passavam e eu nem as percebia, tal o sentimento que abraçava minha alma, que já havia passado por tantos momentos semelhantes, com os queridos do meu coração.

Ao terminar a gratificante tarefa, sentia-me realizado, feliz por ter recebido as mensagens dos Espíritos e as levado aos encarnados que tanto as esperavam, amenizando assim a saudade imensa que os afligia.

E quando eu reparava no horário, as horas haviam passado e, por intermédio da minha modesta mediunidade, pude levar aos corações daqueles que aqui na Terra haviam ficado as lembranças, os pensamentos amorosos daqueles que, daqui haviam partido, amenizando as suas dores e as suas saudades.

DÊ-ME CORAGEM

Quando nos preparamos para reencarnar, trazemos imantados em nossos Espíritos os conhecimentos adquiridos pelas experiências que vivenciamos durante o nosso carreiro de encarnações, compondo assim o nosso acervo espiritual.

Muitos de nós, ao encontrarmo-nos diante dos portais de uma nova experiência terrena, deixando para trás o mundo espiritual que tantas benesses nos concedeu, ajoelhamo-nos e, por meio de sentida e sincera prece, dizemos:

"Pai, dê-me coragem para vencer a mim mesmo!"

DEFINITIVA CONCLUSÃO

Nós todos fazemos parte de uma grande família.

Caminhamos do além para cá, daqui para lá, em busca do aprendizado, das experiências múltiplas e gratificantes do amor.

Cada chegada e cada partida são o início ou o final de uma jornada e que, muitos de nós, distraídos pelo mundo, não percebemos, não conseguimos entender este ir e vir.

No passado, por benesse do Pai, psicografei o livro "Nosso Lar", o primeiro da série de dezessete obras, das quais fui somente humilde escriturário, pois as informações vieram, todas, do Espírito do querido André Luiz.

Em cada livro, situações, ocorrências diversas, inusitadas na época, suscitaram profundas reflexões dos seus leitores.

Para alguns deles, a leitura de algumas poucas páginas foram suficientes para se tornarem adeptos da nova Doutrina, enquanto que, para outros, era apenas uma ficção distante da realidade.

O impacto do primeiro livro, aos poucos, foi sendo diluído com a chegada dos demais, dando continuidade à obra.

Ao chegarmos ao final de todos eles, sendo que, cada qual nos trouxe inumeráveis informações para as nossas reflexões mais profundas, chegamos a uma definitiva conclusão, qual seja, a de que os dezessete livros narrando e ilustrando a vida no mundo espiritual comprovam que nós não morremos e que a vida continua do lado de lá.

DEGRAU CONQUISTADO

Se voltarmos os nossos pensamentos para a época de Jesus, constataremos que as pessoas estavam distantes do amor, desconhecendo os Seus ensinamentos.

Com calma e humildade, Jesus ia ministrando àqueles corações ainda ignorantes o futuro reino da harmonia, do amor e da paz.

Apesar de estar rodeado por pessoas que desconheciam o Seu Evangelho, quando o Mestre falava, Suas palavras iam penetrando os ouvidos de quem ali estava, envolvendo os seus corações em ondas de consolo e de esperanças, ao mesmo tempo em que um leve sorriso visitava Seus lábios, como que avalizando o que acabava de dizer.

Jesus, ao olhar para aquelas criaturas, sabia que ali estavam presentes, almas em caminhadas, que haveriam de passar, por longo tempo, pelo processo redentor das reencarnações, até que seus Espíritos adquirissem os conhecimentos que os projetariam para um amanhã mais evoluído.

Jesus, em Sua compreensão, misericórdia e paciência magnânimas, também ouvia palavras rústicas, desagradáveis daqueles que desconheciam a doçura e a verdade, porém sabia que eram almas em desalinho que apenas estavam adentrando a escola da vida, onde Ele era o Mestre.

O tempo foi passando e hoje nos encontramos vivenciando novas experiências, tendo a certeza de que muitas almas ainda se encontram afastadas de Jesus, apesar de Seus ensinamentos estarem presentes em toda parte.

Nós, espíritas, entendemos que cada ser humano ocupa o degrau que conquistou, por isso devemos respeitá-los em suas opções e, ao mesmo tempo, esforçarmo-nos para compreender todos aqueles que nos cercam, ilustrando sempre um sorriso em nossos lábios, emitindo doces palavras e trazendo no coração o perfume do perdão.

DEPOIS DA DOR

Vivemos, todos nós, em um mundo de provas e expiações.

Tal fato não é depreciativo, pois viemos de um mundo primitivo, o que demonstra que evoluímos e que precisamos continuar nesta evolução bendita.

O engenheiro, para desenvolver-se em sua profissão, deve contar com elementos suficientes e capazes para assessorá-lo em seus cálculos.

Os advogados, para terem sucesso no seu caminhar, necessitam conhecer as leis para bem aplicá-las.

Os médicos aperfeiçoam os seus conhecimentos para bem assistirem a seus pacientes.

O homem de finanças necessita conhecer os diversos aspectos dessa área complexa para alcançar o sucesso esperado.

Enfim, tudo isso representa referências próprias de um mundo material, humano.

Todavia, para a alma, necessitamos de algo mais contundente, mais impactante, para conseguirmos vencer as nossas deficiências.

Assim, enquanto os profissionais de qualquer ramo precisam esmerar os seus conhecimentos, a alma humana necessita do concurso da dor, pois é ela que nos impulsiona, é ela que abre nossos olhos, escancara os nossos ouvidos, burilando o nosso coração.

Por intermédio da dor, passamos a melhor conhecer Jesus, compreendendo definitivamente que, antes dela, não éramos o que agora somos.

DESPEDIDAS

Quando reencarnamos, trazemos imantado em nossa alma o significado da palavra despedida.

Nos primeiros momentos de vida, permanecemos acolhidos no útero materno, protegidos do calor, do frio, da fome, da sede...

O tempo vai passando, meses depois, encontramo-nos como sendo personagens do mundo, passando a vivenciar as experiências naturais da vida, assim como o distanciamento gradativo da nossa mãe que, durante meses, acolheu-nos em seu regaço.

Desde cedo, vamos aprendendo a engatinhar, depois a ficarmos de pé, e em seguida a caminhar, despedindo-nos do colo materno.

Em sequência, vem o período escolar, quando ficamos horas junto a pessoas que desconhecemos, separados de nossas mães.

Mais uma despedida.

Com o tempo, tornamo-nos jovens, nova vida, novas responsabilidades, novos caminhos a trilhar.

Outra despedida.

Os anos vão passando, os cabelos embranquecendo, os olhos tornando-se menos vívidos, os passos ficando mais lentos... É a velhice chegando e, com ela, aos poucos, vamos nos despedindo do mundo, onde vivenciamos tantas e tantas experiências.

Assim sendo, vamos sentindo uma saudade imensa das pessoas que conosco compartilharam a vida e que, há tempos, se despediram de nós. Lembramo-nos das suas feições, das suas vozes, dos abraços que nos davam, dos quitutes que para nós preparavam...

Quantas doridas despedidas.

Os dias transcorrem morosos e a saudade permanece.

Porém, espíritas que somos, experientes nas despedidas, fomos aprendendo a não nos despedirmos de ninguém, deixando, porém, nos corações daqueles que já partiram, um pedacinho do nosso e, sorrindo, não com os lábios, mas sim com a nossa alma, dizemos: Até breve, meus amores!

EM BUSCA DA FELICIDADE

A cada novo dia surgem novas esperanças, no sentido de nos encontrarmos com a tal da felicidade.

O tempo vai passando, as interferências do mundo vão ocorrendo e nós vamos percebendo que a felicidade aos poucos vai nos dizendo adeus.

Aqui, um coração ferido que deixou de conosco dialogar; mais adiante, um amigo de tantos momentos que partiu para o lado de cá; mais além, aqueles que conosco comungam a companhia desertaram de nós, por razões desconhecidas; um pouco mais à frente, os nossos ouvidos que escutavam tantas vozes passam a ouvir apenas aqueles irmãos que permanecem fiéis à nossa amizade.

Alguns passos além, corações que pulsavam no mesmo compasso que o nosso passam a não mais interagir conosco, buscando outras ideias, outros caminhos.

Mais avante, passamos a ouvir críticas a nosso respeito, não tendo oportunidade de justificá-las, pois bastaria apenas que as pessoas compreendessem as razões que nos fizeram tomar esta ou aquela iniciativa ou decisão.

Por essas e por tantas outras razões é que nós podemos dizer que vivemos num mar de lágrimas.

Todavia, a tal da felicidade que mencionamos no início está presente em nossa vida, somos nós que não a enxergamos, pois o mundo, com o seu véu escurecido, nubla-nos por vezes as esperanças, impossibilitando-nos de enxergar mais além.

Porém, quando nos aliamos ao Cristo, quando nos percebemos aconchegados ao Seu regaço, quando Ele, silenciosamente, fala aos ouvidos da nossa alma, sentimo-nos em paz e isto nada mais é do que a felicidade chegando, envolvendo-nos a intimidade, ensejando-nos para continuar, pois apesar de todas as intempéries que a vida nos traz, somos capazes de levar aos corações daqueles irmãos que nos rodeiam a felicidade que já conquistamos, simplesmente por termos conhecido, amado e servido a Jesus.

EMISSÁRIA DE JESUS

Em nosso dia a dia nem sempre os nossos ouvidos escutam os gemidos de dor que provêm de muitos corações daqui e de acolá.

Neste mundo de provas e expiações ocorrem as mais diversas situações que, de uma forma ou de outra, estão nos inspirando, nos ensinando para que venhamos enriquecer a nossa alma.

Se reencarnamos neste planeta azul, de provas e expiações, não podemos aqui encontrar a felicidade, mas desfrutamos, sim, de alguns poucos momentos que definimos como sendo efêmeras alegrias que passam tão rapidamente como vieram.

A dor, entendamos, é nossa companhia, está sempre perto de nós e dela, queremos a todo custo nos distanciar, nos livrar.

Distraídos que estamos pelas bagatelas do mundo, não conseguimos perceber que a dor é que nos trará a felicidade do nosso amanhã.

Ela nos acossa, nos incomoda, machuca-nos, todavia, nos faz enxergar o que, antes dela, não enxergávamos, que passamos a agir como, antes dela, não agíamos.

É a dor que nos estimula a evoluir e, se bem refletirmos, podemos, neste mundo em que vivemos, caracterizá-la como sendo a fiel emissária de Jesus.

ESCUDO DA PAZ

Se refletirmos um pouco mais, vamos perceber que todos aqueles, que vivenciam experiências neste planeta azul, precisam da coragem para continuar suas romagens.

As lutas são tantas, os confrontos os mais diversos e, sem que nos apercebamos, encontramo-nos, às vezes, pelejando com alguém, que porventura não tenha bem compreendido a nossa palavra ou as nossas atitudes e agridem-nos com frequência, deixando-nos surpresos.

Dos seus lábios são emitidas palavras ácidas, que ferem o nosso coração, ao mesmo tempo em que seus gestos são bruscos, ilustrando a imagem da sua alma, distanciada do território da paz, aproximando-se, a cada dia, do território da guerra.

As pessoas, com o passar do tempo, vão percebendo as alterações que ocorrem em seus corpos físicos, entretanto, nem sempre se dão conta das alterações das suas almas, por isso, temos de ter muito cuidado com aquilo que falamos, com aquilo que pensamos e fazemos.

Nós temos que entender que, espíritas que somos, não devemos levar em nossa intimidade nenhum tipo de arma, mas, sim, o escudo da paz.

Não podemos compartilhar pensamentos agressivos, distantes dos pensamentos de Jesus.

Não podemos portar armas de revide, nem de agressão, devemos ter sempre em nossa mente o escudo da paz, o mesmo que Jesus ilustrava quando esteve aqui conosco.

Por isso, todas as vezes que a vida vier nos acossar, tentando nos tirar o equilíbrio, escudemo-nos em Jesus e, com a outra mão, entreguemos ao ofensor a flor perfumada do nosso perdão.

Essência da encarnação

O tempo vai passando e as nossas necessidades materiais são tantas, que as buscamos, sem tréguas, esquecendo-nos da essência da nossa encarnação.

Estamos aqui, neste planeta de provas e expiações, para aprendermos a amar e não para possuir, ter.

Temos de nos empenhar para amar as pessoas que estão ao nosso redor, aquelas que sofrem, que estão necessitadas; aquelas que procuram ouvidos que as escutem, um ombro amigo onde possam se aconchegar, um coração que as possa compreender e ajudar.

Todavia, o mundo nos envolve de todas as formas e maneiras e acabamos deixando de nos exercitar pelas veredas do amor, deixando-o diluir-se, pouco a pouco, quando fomentamos a discussão, o desentendimento, a soberba, a falta de perdão... Quando sentimos na intimidade da nossa alma o que deveríamos ter feito e não fizemos.

Porém, todos nós que estamos encarnados ainda temos tempo.

Vamos olhar ao nosso redor e vivenciar o amor com aqueles que conosco caminham, no dia a dia das nossas vidas.

Às vezes surgem equívocos, pois somos espíritas em processo de aprendizado.

Por isso, vamos aprendendo a perdoar, a compreender o nosso próximo, porque todos aqueles que seguem ao nosso lado, antes de tudo, se propuseram a nos amar.

ESTENDAMOS OS BRAÇOS

Cada um de nós, dia após dia, vai adicionando em sua alma, experiências diversas que, gradualmente, vão compondo o seu respectivo acervo espiritual, fortalecendo suas decisões para poderem enfrentar o mundo que nos rodeia.

Não será de um dia para o outro que evoluímos, mas sim aos poucos, pois cada encarnação se constitui em um tijolinho de aprendizado, moldando gradativamente o nosso Espírito imortal.

Com o passar do tempo e em cada encarnação, nossa intimidade e experiência particular vão ampliando-se.

Em nenhuma delas podemos nos sentir com a obra concluída, pois haverá sempre de faltar algo mais para conquistar.

Não temos tempo a perder, pois os conhecimentos e informações colhidas por intermédio das páginas dos livros, das palestras, das mensagens provindas de Espíritos, são suficientes para delinear as estradas que deveremos seguir, independentemente dos obstáculos e dificuldades que iremos encontrar.

Se, na estrada que estivermos trilhando, notarmos corações que ainda não conseguiram encontrar o seu roteiro de vida, estendamos-lhes as mãos e os auxiliemos.

Se assim não fizermos é porque nada aprendemos. Porém, se oferecermos nossos braços para ajudar os necessitados do caminho, o nosso esforço, sem dúvidas, terá valido a pena e, ao visualizarmos o fim da nossa estrada, notaremos a existência de uma luz intensa que, na realidade, é Jesus de braços abertos dizendo-nos: "Falta pouco, estou te esperando!".

Estou contigo, meu irmão

Durante a nossa caminhada, quantas lágrimas já vertemos e quantas dores já tivemos de suportar.

Cada impacto recebido, cada lágrima derramada, quando absorvida pela compreensão, percebemos anestesiadas as nossas dores e um novo brilho em nossa alma, fortalecida para continuar perseverando no caminho do bem.

Quando tudo nos parece escurecido, sem vida, sem esperança, o Pai de infinita bondade nos encaminha as benesses de que somos merecedores.

Em muitas das vezes, as dores cessam, as lágrimas deixam de verter, dando lugar à alegria que voltou a nos acompanhar.

Por essa razão, sejam quais forem os momentos difíceis pelos quais passamos ou teremos ainda que passar, sempre estaremos sendo observados por Deus e, no momento certo, Jesus virá em nosso socorro e abraçará o nosso coração, dizendo no imo da nossa alma: "estou contigo, meu irmão".

Evoluir sempre

Todos nós, ao reencarnarmos, assumimos uma missão importante, qual seja, evoluir.

Trata-se de uma missão particular, própria de cada um, pois passamos a nos responsabilizar por mais um processo reencarnatório, visando o aprimoramento do nosso Espírito.

Ao darmos os primeiros passos neste mundo de provas e expiações, já sentimos no próprio corpo e na alma as dificuldades que haveremos de enfrentar.

Abraçados pelas pessoas que nos amam e os Espíritos que nos acompanham os passos, seguimos nossa jornada, tendo na intimidade da nossa alma, a esperança da vitória sobre nós mesmos.

Durante nossa caminhada, haveremos de encontrar incontáveis corações que seguem caminhos religiosos diferentes do nosso, de acordo com suas aptidões e tendências.

Grande parte das religiões, por desconhecimento dos seus militantes, separa-se das outras, como se fossem as únicas verdadeiras, as quais Jesus aprovaria.

Em verdade, esses irmãos de caminhada ainda não se aperceberam de que somos uma grande família, com o propósito de ajudarmo-nos mutuamente, amparando os que sofrem, enxugando suas lágrimas, levando-lhes o conforto da nossa paz.

Esforcemo-nos para compreender todos aqueles que não militam na nossa seara, sem nenhum tipo de restrição, pois são nossos irmãos, procurando, como nós, encontrarem-se com Jesus.

FAÇA O MUNDO MAIS FELIZ

Durante a nossa caminhada terrena, o mundo nos impele à desilusão, delatando o egoísmo que ainda impera na maioria dos seus habitantes.

Entretanto, espíritas que somos, entendemos os momentos difíceis pelos quais a humanidade passa e que, na realidade, são lições que nos estão sendo ministradas para que façamos brilhar a nossa alma.

Os fatos que vão ocorrendo diante dos nossos olhos e os sons que escutamos nos fazem refletir, meditar a respeito de todas as experiências que a vida nos faz vivenciar.

Gostaríamos de enxergar o que os nossos olhos não enxergam, tampouco ouvir o que nossos ouvidos não escutam, todavia, estimulados por Jesus, vamos sentindo o suave perfume da compaixão e da caridade adentrando pouco a pouco a nossa alma, fazendo-a melhor aquilatar as dores alheias, encorajando-nos a amenizar suas agruras.

Enquanto isso ocorre, nossos olhos enchem-se de lágrimas, nossas mãos de caridade, e uma voz ternurosa nos diz aos ouvidos da alma:

"Faça o mundo ao seu redor mais feliz!"

FARDOS

Cada um de nós, no dia a dia da vida, carrega muitos e variados fardos de obrigações, deveres e responsabilidades.

Uns, são mais leves, pois, os queridos irmãos que nos rodeiam, de alguma forma, ajudam-nos a carregá-los.

Outros, porém, mais pesados, mais difíceis de transportar, pois são problemas íntimos, cuja solução depende exclusivamente de nós.

Sendo assim, precisamos nos empenhar amorosamente para tentar enxergar não só as lágrimas que brotam dos olhos de nossos irmãos de caminhada, mas também as lágrimas provenientes das suas almas carentes, sofridas, que ninguém vê, mas que precisam ser por nós enxergadas, por meio da nossa sensibilidade, a fim de que possamos ofertar-lhes a nossa ajuda, a nossa compreensão e, por vezes, o nosso perdão.

FLORES PERFUMOSAS

Desde os primeiros dias que meus olhos se abriram para o mundo, vieram as dores, os sofrimentos e também os amores.

A pobreza era minha companhia, a alimentação modesta era minha amiga e os parentes que me rodeavam eram corações queridos que me davam guarida.

Os anos foram passando, as roupas simples e a casa humilde eram as riquezas materiais que eu possuía.

Desde cedo, algo inusitado viera me visitar, quando então eu sentia que meu coração batia em compasso diferente, pois apesar da minha penúria, ao observar as criaturas que comigo conviviam no centro, nas ruas, nas calçadas, eu com elas me solidarizava pelas dificuldades que muitas enfrentavam.

Assim, os anos foram passando, as tarefas surgindo, as ingratidões se aproximando, corações partindo, outros chegando...

Desde cedo, meu corpo físico apresentava algumas fragilidades, pois minhas vistas e meu coração trabalhavam com muito esforço.

Mesmo assim, continuava o meu trabalho, rodeado pelos amigos que me davam forças para cumprir com as responsabilidades espirituais que vinham ao meu encontro e pelos livros que iam brotando, como se fossem flores perfumadas vindas do alto.

Apesar das dificuldades comuns aos seres humanos, a cada novo livro, um novo perfume penetrava em minha alma e, ao seu término, o livro como que voava, indo parar em muitas mãos, confortando os corações daqueles que o liam.

Os tempos foram passando e, cada vez mais, as pessoas foram se aproximando e se não fossem elas, talvez eu não tivesse tido forças suficientes para prosseguir em minha jornada.

Quando lembrado, quando abraçado pelos amigos, meu corpo, por vezes fragilizado, adquiria novas e salutares energias.

No Centro Espírita onde trabalhava, as pessoas vinham ao meu encontro e, quando seguravam em minhas mãos, era como se estivessem medicando o meu corpo, dando-me forças para avançar na seara do amor.

Embora todas as minhas dificuldades, próprias deste mundo de provas e expiações, a minha alma era alegre, pois a companhia dos amigos espirituais, a vida modesta e o trabalho amoroso, eram as vitaminas de que eu precisava.

Assim sendo, fui percebendo que essa alegria constante que me acompanhava os passos, nada mais era do que a presença de Jesus em meu coração, em minha vida.

GRANDE FAMÍLIA

Somos, sem dúvida, uma grande família, cujos membros estão interligados pelas correntes do amor.

Distraídos, imaturos quanto à espiritualidade e impactados com o que a vida nos reserva, por vezes perdemos a doçura, esquecemo-nos da compreensão, olvidamo-nos da caridade, ao mesmo tempo em que a nossa palavra torna-se intempestiva, ácida, intolerante...

Deixamos de participar, para passarmos a pelejar.

Nessas ocasiões, os laços de amor sofrem como que um curto-circuito e este amor é interrompido por algum tempo, horas, dias, semanas...

À medida que este curto-circuito não é sanado, cria-se um ressentimento que passa a ser nossa companhia e, sem que nos apercebamos, a nossa alma vai sentindo o impacto da presença dessa desvirtude.

O ressentimento vai transformando a nossa alma e, aos poucos, deixamos de ser quem éramos, passando a ser o que agora somos.

Tornamo-nos pessoas desagradáveis, frias, ditadoras, impacientes, cobradoras...

Por analogia, quando as pessoas estão tendo dificuldades para enxergar, a catarata comumente está presente, fazendo com que o mundo perca seu brilho, suas cores, seu encanto.

Basta eliminar este incômodo e o mundo readquire sua beleza, voltando a ser o que era.

Portanto, quando eliminamos o ressentimento da nossa alma, passamos a enxergar os outros com outros olhos, os olhos de Jesus.

Hino do Amor

A cada dia, Jesus nos oferece uma página em branco, sobre a qual iremos grafar as nossas palavras, atitudes e ações das experiências vividas.

Poderemos grafar palavras doces, como também palavras amargas, que de alguma forma direcionamos para algum coração que nos deu o privilégio da companhia.

Em outras oportunidades, as nossas atitudes e ações não recebem o aval de Jesus, ferindo as almas que se encontram ao nosso derredor.

Vezes outras, grafamos palavras inúteis, sem valor, destituídas de bom senso.

Trata-se de um aprendizado constante e variado.

Um grupo de amigos, versados em espiritismo, expunham seus pareceres em minha modesta residência.

A conversação transcorria tão gratificante, que nem mesmo olhávamos para o relógio para verificar as horas passarem e termos de nos despedir daqueles irmãos que, sabe lá quando iríamos encontrar outra vez.

Porém, alguém fatigado da lida diária, um outro preocupado com as responsabilidades do dia a dia, começaram a se despedir, mas intimamente querendo ficar.

Em sequência, os até breve e os abraços se fizeram presentes.

Momentos depois, todos se dirigiram para as suas moradias, levando em seus corações e na mente as lições daquela noite memorável, quando todos desfrutaram da companhia agradável de tantos.

Instantes após, encontrava-me só, mas rodeado por amigos espirituais e, juntos como que entoávamos um hino, enaltecendo a amizade e o amor.

HORAS VAZIAS

Durante a nossa estada reencarnatória, relacionada à época em que a humanidade se encontra, vivenciamos conquistas incontáveis e até surpreendentes.

Logicamente, a evolução que ocorre em nosso planeta, com o passar do tempo vai nos trazendo progressos e assim novos conhecimentos vão adentrando as nossas mentes.

A cada novo dia o mundo vai nos trazendo informações importantes, surpreendendo-nos, deixando-nos extasiados. Assim, como que seduzidos, vamos enveredando por caminhos às vezes pouco recomendáveis, esquecendo-nos do verdadeiro sentido da vida que é o de evoluir espiritualmente.

Na época de Jesus, o progresso era pouco significativo e muito lento e, em vista disso, as pessoas dispunham de mais tempo, mas mesmo assim, o desprezavam.

Hoje em dia, com toda essa tecnologia, acabamos tornando-nos autômatos, dirigidos pela modernidade que nos traz facilidades, satisfações e confortos.

Entretanto, o que de um lado é progresso, evolução, do outro lado, vamos vendo que estamos gastando muito do nosso tempo em conversações e apreciações inúteis, que podemos classificá-las como "horas vazias", quando deveríamos também utilizá-lo para o aprimoramento da nossa alma.

Com o propósito de sermos educados, acabamos muitas vezes gastando as nossas horas, respondendo a indagações e considerações fúteis, sem importância, sem interesse relevante.

É necessário que comecemos a prestar atenção a isso tudo e, aos poucos, irmos deixando de ser distraídos para com os valores espirituais, procurando dar à nossa alma o tempo que ela precisa para evoluir, crescer, vitoriar-se.

O mundo evolui, mas com maior razão nossa alma precisa evoluir também e, para isso acontecer, somente caminhando lado a lado com Jesus.

Impactos

Independentemente dos momentos que podemos estar vivenciando, se de tranquilidade ou não, haveremos de sentir na intimidade da nossa alma, os seus reflexos.

Quando atiramos uma pequena pedra em um lago manso, vamos ver a formação de ondículas que vão se espraiando, até atingirem as margens, diminuindo de intensidade até se acalmarem na terra ou na areia.

Assim representam-se os diversos momentos da vida, afetando-nos o equilíbrio e a paz.

Porém, à medida que o tesouro do tempo vai se escoando no calendário da vida, essas ondas vão se tornando mais suaves, envolvidas pelo nosso silêncio e pela nossa compreensão.

Muitas vezes, sentimos, em determinados momentos, o impacto de ondas maiores ou menores em nossa jornada terrena e, em outras vezes, ondas prestes a extinguirem-se.

Na realidade, os impactos da vida, nos primeiros momentos, talvez agressivos e dolorosos, com o passar do tempo, amparados pela nossa compreensão e pela nossa resignação, amenizarão, devolvendo-nos a paz de outrora.

Jamais nos esqueçamos

Quando ainda me encontrava encarnado nesta nave chamada Terra, vivenciei, como todo ser humano, as mais variadas experiências no decurso de mais uma jornada reencarnatória.

Numa região empobrecida, distante dos grandes centros populacionais e econômicos, os irmãos que lá viviam, em sua maioria, passavam por sofrimentos atrozes.

A falta da moeda, a escassez de alimento e a moradia modesta ilustravam as dificuldades que as pessoas ali enfrentavam.

Quando lá residia, gradualmente o mundo espiritual foi me presenteando com suas benesses, possibilitando-me exercitar pelos campos da mediunidade, levando para aqueles corações sofridos, dentre os quais eu também me encontrava, o conhecimento e a brisa suave da paz.

Em cada oportunidade, me era dado o ensejo de observar, condoído, as pessoas que vinham ao meu encontro, trazendo nos olhos a desesperança; na voz, às vezes, um lamento; no corpo, o cansaço...

Quando estavam próximas de mim, sentia-me na obrigação amorosa de auxiliá-las naquilo que me era possível, enquanto os amigos espirituais me amparavam, fazendo com que fluíssem, por intermédio dos meus lábios, palavras fraternas que ajudariam aqueles irmãos sofridos, desalentados, desesperançados da vida, a seguirem adiante.

Quando terminava a reunião espiritual, da qual todos nós havíamos participado, eles ilustravam em seus semblantes um leve sorriso que para mim representava que a esperança havia voltado.

Agora, neste momento, quando me encontro espiritualmente presente nesta casa de caridade, assisto como outrora olhares sofridos, palavras lamentosas, corpos cansados e a desesperança como hóspedes comuns em seus corações.

Tal fato demonstra a todos nós que o tempo passou, mas os problemas, em grande parte das pessoas, continuam, razão pela qual nós que aqui nos encontramos devemos nos empenhar para, modestamente, nos tornarmos veículos da esperança e da paz para tantos corações.

Enquanto assim agimos, os amigos do além vão assistindo cada um dos irmãos presentes, amenizando as suas agruras, espargindo o amor de Jesus.

Jamais nos esqueçamos, irmãos encarnados queridos, que estamos tendo a oportunidade sublime de nos exercitarmos pelas estradas da caridade, possibilitando a todos que nesta modesta Casa Espírita adentrarem receberem nossa companhia amistosa, nossa palavra doce, nosso olhar fraterno e parte do nosso coração.

Jesus está aqui

Quando estamos estagiando no além, se formos merecedores, tomamos conhecimento do enredo aproximado da nossa encarnação futura.

Alguns, levando-se em conta o que lhes fora informado, solicitam um pouco mais de tempo a fim de fortalecerem-se antes do retorno à pátria da matéria.

Logicamente, o seu pedido será concedido de acordo com o seu mérito e suas necessidades.

Outros, em maior número, alegram-se com a oportunidade que estão recebendo e, por meio do sorriso, da alegria do olhar e dos seus semblantes, demonstram a coragem que os está animando por poderem voltar aos palcos da vida.

Quando aqui chegamos, a vida vai transcorrendo, as ocorrências acontecendo, momentos tantos vamos vivenciando e quando um impacto mais forte, mais doloroso, vem nos atingir, nossa coragem deverá ser estimulada, pois não podemos esmorecer, recuar.

Temos que nos alicerçar nesta mesma coragem, para que possamos enfrentar as vicissitudes que a vida está nos trazendo, pois na intimidade da nossa alma nós, de alguma forma, sabíamos que as estávamos aguardando para que pudéssemos, enfim, suplantá-las.

E assim a vida de tantos vai transcorrendo, mesclada de bons e maus momentos, sorrindo ou chorando.

Porém, quaisquer que sejam esses momentos, o amigo espiritual que nos acompanha os passos, emissário de Jesus, não nos deixa um só instante e, quando a dor mais intensa abraça-nos o coração, ele nos diz, no silêncio da nossa alma: "Tudo passa, Jesus está aqui".

Jesus está em nós

Durante a nossa caminhada terrena, sonhamos enxergar belas e suaves paisagens, da mesma forma, encontrar pessoas doces com as quais iremos dialogar, interagir.

Porém, com o passar do tempo, constatamos que estes nossos sonhos eram apenas, sonhos, pois o mundo se mostra algumas vezes afável e outras tantas, cruel.

Convivemos com pessoas doces e outras amargosas, que nos dificultam o caminhar.

Assim sendo, quantas vezes estagnamos os passos para refletir a esse respeito e também quais os caminhos que iremos trilhar, pois são tantos à nossa disposição que ficamos em dúvida, em qual deles iremos adentrar.

Nesses íntimos momentos de meditação, os amigos espirituais que nos acompanham os passos nos envolvem em ondas de muito amor, fazendo-nos sentir felizes como se estivéssemos sendo enredados pelos braços de Jesus.

Assim, aqueles diversos caminhos que se apresentavam diante de nós acabam por nós mesmos sendo selecionados, reduzidos a apenas um que, esperamos, traga a paz ao nosso coração.

Gostaríamos de, ao transitar por essas veredas, encontrar com Jesus, porém, na verdade, um dia iremos ter a certeza de que Ele está em nós, bastando apenas senti-lo.

JESUS ESTÁ SEMPRE A NOS DIZER

É do conhecimento de todos nós espíritas que, quando o trabalhador está pronto, a tarefa aparece.

Isso quer dizer que enquanto ainda não estivermos prontos, o trabalho não virá em nossa direção, pois não estamos aptos a exercitá-lo.

Por analogia, entendemos que quando fazemos uma leitura que nos direciona para a espiritualidade, nem sempre a compreendemos na íntegra, demonstrando-nos que não estamos preparados para apreciar os ensinamentos que ali estão contidos.

Todas as leituras espiritualistas que já fizemos encerram conhecimentos mais aprofundados, entretanto, se não estivermos devidamente preparados, elas se constituirão apenas em frases, parágrafos, que nada nos aportam, pois não estamos familiarizados com a essência daquilo que nos está sendo apresentado.

Por isso, se nos deixarmos levar pelas atrações efêmeras do mundo, que nos dificultam o aculturamento espiritual, permaneceremos no lugar em que estamos, sem progredir, evoluir.

Em vista disso, é necessário que mantenhamos alguns poucos momentos de reflexão, para que possamos desfrutar, por meio da ligação mental mantida com o nosso guia espiritual, dos seus pensamentos, motivando-nos a ler, a aprender, a nos aculturar espiritualmente, para que melhor possamos entender o que Jesus está sempre a nos dizer.

Jesus lhes disse a verdade

Quando ainda estava vivenciando as experiências terrenas que aos poucos vai burilando todas as almas, sentia-me por vezes impactado por palavras, atitudes e ações a mim atribuídas e que, na realidade, as desconhecia.

Muitas pessoas chegaram ao ponto de me evitar, mudavam de calçada quando percebiam que ali eu estava.

Não me cumprimentavam, chegavam a desviarem o olhar e, mesmo quando a vida lhes impelia a comigo se relacionarem, suas palavras e gestos eram destituídos do veludo da rosa e do perfume do amor.

Quando isto ocorria, sentia uma tristeza profunda adentrando o meu coração, não por me sentir atingido, ferido, mas sim porque me faziam lembrar Jesus na cruz quando dissera amorosamente, a todos que na ocasião se encontravam: "Pai, perdoai-os, porque não sabem o que fazem".

Durante a minha caminhada terrena, com o tempo, essas mesmas pessoas que me evitavam, aos poucos passaram a vir ao meu encontro, abraçavam-me e eu, feliz, as abraçava, dizendo, silenciosamente para mim mesmo: "Jesus lhes disse a verdade".

Jesus segue conosco

Ao longo da nossa jornada encarnatória, vivenciamos experiências das mais diversas, ora nos fazendo sorrir, ora nos fazendo chorar.

Ao percorrermos as estradas da vida, os nossos olhos naturalmente observam muitos semblantes e, ao percorrê-los, nosso coração consegue identificar as pessoas que estão felizes ou entristecidas, essas, na maioria das vezes, em busca dos seus particulares destinos, não permitindo que seus corações se manifestem, somente observam, pouco fazendo pelos outros.

Quando nos encontramos no conforto do leito, descansando o corpo alquebrado pela lida diária, acabamos por vezes memorizando os momentos que vivemos poucas horas atrás, quando então nos damos conta de que continuamos passando pela vida e não enxergamos as nossas responsabilidades espirituais para com ela.

Escutamos gemidos e não auxiliamos quem sofre, percebemos fisionomias tensas, mas não lhes direcionamos o nosso amparo e a nossa esperança em dias melhores.

Assim, o tempo vai transcorrendo na esteira da vida e, nos momentos de reflexão, percebemos que pouco mudamos, continuando a ser os mesmos de outrora.

Apesar de todo o conhecimento adquirido com a vida, nossas ações em favor do próximo continuam em letargo.

Levando-se em conta todos os tesouros que a Doutrina Espírita nos legou, vamos parar um pouco e meditar mais profundamente para que no dia de amanhã façamos o que o nosso coração nos diz, fazendo com que as pessoas ao nosso lado sejam mais felizes, a despeito da dor que por ventura nos estejam visitando, porque, tendo Jesus no coração, nossos sofrimentos serão amenizados, nossos equívocos corrigidos, nossas esperanças renovadas.

LICOR DO AMOR

Há muito tempo, inspirado pelo alto, fui o portador de uma mensagem de há muito conhecida.

Ela viera à minha mente, depois de ter passado por momentos muito difíceis em minha jornada terrena.

Meu coração estava apequenado e as dores da minha alma eram enormes.

Para aliviar as minhas agruras, os amigos espirituais assim me disseram: "médium é como cana-de-açúcar, se não passar pela moenda, não adoça a vida de ninguém".

Para tirarmos o sumo da laranja, devemos espremê-la, pois só assim ela nos presenteará com o suco contido em sua intimidade, proporcionando momentos agradáveis ao nosso paladar.

Em vista disso, todas as vezes que as dores vierem em nosso encalço, comprimindo o nosso coração, tenhamos a certeza de que essa moenda de dor está buscando no imo da nossa alma o licor perfumoso e adocicado do amor.

LIVRE-ARBÍTRIO

Durante a nossa estadia neste planeta azul, recebemos imagens e informações tantas que aos poucos vão adentrando em nossa mente, enquanto que algumas delas mergulham em nosso coração, ampliando-nos a tendência amorosa que todos possuímos.

Todavia, nem sempre as palavras que ouvimos, bem como as imagens que assistimos, as endereçamos à intimidade da nossa alma para que ela possa avaliar, aprimorar-se, crescer, evoluir.

Dessa forma agindo, a nossa mente e o nosso coração ficam distantes da reflexão quanto às nuanças da fraternidade e do amor.

Sem exceção, todos nós somos comandados pelo nosso livre-arbítrio, sendo algo que os espíritas levam muito a sério, pois entendem que o mesmo é a bússola que norteia os nossos passos de hoje e de amanhã.

Possuímos um grande acervo de conhecimentos espirituais, trazidos, também, de outras encarnações, todavia nem sempre demonstramos conhecê-lo para podermos aplicá-lo.

Sabedores do seu amplo e importante significado, não vamos deixar o nosso livre-arbítrio à deriva do nosso dia a dia, vamos sim trazê-lo para junto de nós, para que as nossas palavras, o nosso olhar, o nosso escutar, o nosso agir, sejam sempre norteados pelo livre-arbítrio que Jesus nos ensinou.

LIVRO ESPÍRITA

Virando as páginas do livro espírita, a nossa alma perfuma-se na sua intimidade, pois sentimos o aroma de Jesus fazendo-nos companhia.

Por meio da leitura das suas páginas, vamos abrindo as portas do nosso coração.

Ao lermos, desde as primeiras linhas vamos nos conscientizando do seu conteúdo e, muitas vezes, nossos olhos marejam pela sensibilidade dos pensamentos nele contido.

À medida que avançamos na leitura, vamos mais e mais sentindo as emoções contidas nas letras e nas frases, ao mesmo tempo uma alegria diferente por termos esta joia em nossas mãos.

Entretidos, não nos apercebemos o tempo passando, pois a leitura espírita vai nos encantando e, mesmo que estejamos vivenciando momentos difíceis, os ensinamentos no livro contidos aliviam-nos as amarguras, as nossas dores, dando-nos nova esperança em nossa jornada.

Assim, ao nos aproximarmos das últimas páginas desse tesouro de sabedoria, vamos sentindo uma espécie de saudade das horas que dedicamos à leitura daquela obra, enquanto que esse mesmo livro, aos poucos, como que vai se despedindo de nós e, ao seu final, fechamos aquele amigo humilde, já saudosos da sua companhia.

Em seguida, agradecidos, o colocamos bem perto do nosso coração e enquanto dele, definitivamente nos despedimos, fica-nos a certeza de que Jesus permanece bem junto de nós.

Mãe-Terra

Referindo-nos ao planeta Terra, que nos acolhe amorosamente, temos o conhecimento de que há incontáveis anos ele continua em seu percurso, aprimorando-se para que os seres humanos aos poucos pudessem vir a habitá-lo.

Presenteia-nos com a flora, a fauna, e com tudo aquilo que os seus habitantes necessitam, continuando a singrar os espaços, cumprindo com a sua meta de manter em sua superfície toda a humanidade, para que possa gradualmente aprender e evoluir em Jesus.

Mas, por razões tantas, a Terra é gerida pelos próprios homens, que ela amorosamente acolhe.

Assistimos a fenômenos físicos, climáticos, esses muitas das vezes provocados pelo próprio descuido dos homens, como as conhecidas enchentes que campeiam em sua superfície, provocando transtornos, aflições, dores...

Outras vezes, o interior do planeta se vê sacudido por forças telúricas, como terremotos, vulcões, tsunamis e suas doridas consequências.

Entretanto, apesar de tudo, a Terra permanece cumprindo a sua missão, continuando, com perseverança, a dar a volta em si mesma, em volta do sol e junto com o sistema solar, em volta da grande estrela Alcíone.

Ela é prova viva de que apesar de todos os percalços, continua firme no seu propósito de agasalhar em sua superfície os seres humanos em constante evolução.

Sofre os mais contundentes impactos, mas não perde o rumo.

É acossada, ferida, mas continua impávido colosso, singrando os espaços com a missão de proporcionar aos seus habitantes exercitarem-se pelas sendas sublimes do amor.

Por essas tantas razões, não importam os impactos que recebamos em nosso dia a dia, façamos como a Terra que nos perdoa sempre e, continuando sua jornada, é como se ela nos disse-se: "Eles não sabem o que fazem!".

MAR REVOLTO

Quando nos encontramos à mercê do mar revolto que é a vida, nossa embarcação perde o rumo, pois as vagas enormes, tiram-na da direção certa.

É assim que se encontra o mundo em que vivemos, o mar revolto das mentiras, das falsidades, do desamor, sendo-nos difícil sobreviver, levando-se em conta que, a cada passo, somos alvejados por pensamentos, ilustrações e atitudes que nos dificultam o caminhar.

Assim sendo, buscamos de alguma forma encontrar a bússola que possa nos indicar um porto seguro.

Todavia, são muitos os impactos recebidos, como se fossem ondas enormes, tirando o rumo da nossa alma e, por isso, às vezes, eis-nos fazendo o retrabalho, trilhando outra vez o caminho que já havíamos percorrido, utilizando-nos outra vez dos maus pensamentos, das más palavras, esquecendo-nos das dores alheias, lembrando-nos só das nossas, distanciando-nos do porto seguro dos braços de Jesus.

Por isso, procuremos entender que vivenciamos neste mundo experiências difíceis que, na realidade, correspondem ao buril necessário para que as nossas almas venham a brilhar.

São ondas por vezes enormes, características desse mar intempestivo, que aí estão para lavar as nossas almas.

Medalhas do amor

Quando ainda nos encontramos no ventre materno, recebemos o aconchego do amor.

Estamos protegidos, preparando-nos para a grande olimpíada que é a vida.

Tão logo nascemos, passando a viver fora do útero materno, somos impactados por tudo aquilo que o mundo nos destina, que, em suma, contribui para a nossa evolução.

Desde os primeiros momentos de vida, vamos assumindo, mesmo sem o saber, responsabilidades e também algum tipo de desconforto ou mesmo sofrimento.

O frio, o calor, a fome, a sede, a necessidade de amor, passam a imperar, diferentemente de quando nos encontrávamos aconchegados no ventre materno, pois era como se estivéssemos a sonhar.

À medida que os dias vão passando e as responsabilidades crescendo, sem que nos apercebamos, vamos sendo impelidos, forçados a evoluir espiritualmente, pois é a fórmula de que necessitamos para bem vivenciar a vida, evitando pelejas, guerras, desentendimentos...

Todavia, esse processo, nem sempre é bem compreendido, pois inumeráveis irmãos continuam a lutar em busca dos seus quereres, esquecendo-se do querer alheio.

Se avaliarmos um pouco mais profundamente, a maioria dos irmãos de jornada, de certa forma podem ser caracterizados como fanáticos de si mesmos, pois egoisticamente pensam demasiadamente em si próprios, esquecendo-se dos outros.

Em vista disso, assumamos a responsabilidade de procurar eliminar da nossa alma essa característica equivocada e desagradável, iniciando um processo altruísta, passando a olhar um pouco mais para o nosso próximo, sabedores de que Jesus também olha por nós.

Não devemos esperar mais tempo para tanto, pois a cada dia enfrentamos novas provas, imbuídos da responsabilidade de vencê-las e, como dissemos lá atrás, participamos de uma grande olimpíada, não para conquistarmos as medalhas do mundo, mas sim para conquistarmos em definitivo as medalhas do amor.

MEDIUNIDADE COM JESUS

Em nosso dia a dia, às vezes um pouco distraídos quanto às nossas responsabilidades, deixamos para amanhã o que poderíamos realizar no hoje em favor de irmãos necessitados que, por vezes, nos procuram.

No campo da mediunidade, se refletirmos um pouco mais profundamente, entendemos que se trata do ponto divisório entre o mundo espiritual e o mundo físico, pois por meio da mediunidade os irmãos do além podem se comunicar com os encarnados, transmitindo-lhes lições, bom ânimo, esperança, amor...

Em vista disso, os médiuns que se espalham pelo mundo devem, gradualmente, empenhar-se para irem conquistando a consciência plena, pois tudo o que recebemos da Doutrina veio de lá para cá, e qual foi o meio utilizado? A Internet, o celular? Não, simplesmente a mediunidade.

Esses médiuns, que ao longo do tempo se dedicaram e dedicam à transmissão das mensagens provindas do além, e que aos poucos foram sendo grafadas sobre folhas de papel, sob a forma de mensagens, de livros, de opúsculos, contribuíram e contribuem para que sejam aclarados os caminhos espirituais que haverão de ser seguidos e, por meio deles, a humanidade poder evoluir no amor.

Portanto, jamais haverá intempéries, dificuldades, empecilhos de qualquer espécie que possam impedir os médiuns de exercitarem-se pelas estradas da caridade, servindo ao próximo e, consequentemente, a Jesus.

Mel nas palavras

Todas as vezes que as nossas palavras vêm envoltas pelo mel do amor, têm trânsito livre pelos ouvidos de quem nos escuta, até chegarem ao coração desses que nos destinam um pouco do seu tempo.

As palavras quando ditas, mas envoltas pelo sentimento do amor, não há coração que as resista, entregando-se de bom grado a elas, na otimista expectativa de um novo amanhã.

A espontaneidade que ilustramos por intermédio das nossas palavras traduz o valor do nosso sentimento e do nosso coração.

Se as palavras, por distração nossa, apesar de belas, não levarem em seu bojo o amor sincero, serão palavras inúteis que não penetram nos corações de quem as escuta.

Por isso, tenhamos sempre em nossa mente o desejo de ajudar, pois qualquer palavra dita com amor é caridade destinada aos corações de quem às escuta e, assim sendo, as criaturas que nos rodeiam vão sentir durante o nosso monólogo o perfume da nossa alma.

Por todas essas razões, não percamos nenhuma oportunidade para colocar mel em nossas palavras, pois através desse mel os corações daqueles que nos escutam haverão de se aproximar de Jesus, como nós estamos procurando fazer há tanto tempo.

Minha Companhia

Paisagens tantas se desenrolam diante dos nossos olhos.

Algumas belíssimas, outras nos estimulam a refletir; outras mais nos trazem tristeza; mais além, outras nos incentivam a buscar esperanças.

Cada uma delas nos traz lições, deixando um rastro em nossas vidas, ilustrando-nos que tudo é passageiro.

O sol no final do dia embeleza o mundo, mas ao mesmo tempo é como se estivesse dizendo-nos: "aproveite, estou indo embora".

Os momentos passam, quantos já se passaram, deixando-nos suas lições, seus ensinamentos.

Os impactos que nos proporcionaram inspiram-nos a buscar enxergar o colorido da vida, quando ela está mostrando-nos apenas a escuridão.

São ensinamentos que nos estimulam a refletir sobre o nosso hoje, a fim de que possamos projetar um novo amanhã.

São lições que, se bem aproveitadas, penetram em nossa alma, ensinando-nos a pensar, falar, agir.

As imagens aflitivas que nos impactam quando as estamos vivenciando, por vezes fazem com que passemos a sentir no imo da nossa alma o perfume da compreensão, dando-nos forças para prosseguir em nossa romagem.

Esse perfume nada mais é do que a confiança que depositamos em Jesus, não O vemos, não O escutamos, mas O sentimos na intimidade da nossa alma.

É o mestre do amor dentro do nosso coração, amainando as nossas dores, dizendo-nos: "amanhã será um novo dia com a minha companhia".

Missão Cumprida

Quem somos nós, senão almas em busca da tal felicidade?

Estimuladas pelo mundo da matéria efêmera e transitória, as pessoas buscam a felicidade muitas vezes onde ela não se encontra.

Nessa busca incessante, muitas delas acabam desiludindo-se com os demais irmãos de jornada que, egoístas, não lhes dão o acolhimento nos momentos difíceis, não lhes dão a escuta quando necessitadas, permanecendo na busca da felicidade particular, esquecidos das necessidades alheias.

Mesmo assim, há que continuar a nossa caminhada, empenhando-nos para fazer com que os tesouros da compreensão, do perdão e do amor façam-nos constante companhia.

Dessa forma agindo, os anos irão transcorrer durante os quais deveremos continuar fazendo o bem a quem quer que seja e, quando a velhice chegar, aconchegados ao leito acolhedor, e fecharmos os nossos olhos para o mundo, os ouvidos da nossa alma escutarão a voz suave de Jesus a nos dizer: "Venha comigo, pois já cumpriste com a sua missão".

Missão que nos propusemos

A cada dia que passa, os nossos olhos percorrem as cenas diversas que se desenrolam diante de nós.

Aqui, alguém apressado em busca do trabalho; mais adiante, alguém em desespero, procurando ir em auxílio de um ente querido; avante, um coração solitário com seu corpo esquálido, esquecido pelo mundo.

Logo mais, crianças desnutridas, esfarrapadas, traduzindo nos seus semblantes e nos seus corpos físicos as dificuldades da vida.

Dificilmente, pelas avenidas do mundo, os nossos olhos enxergam um sorriso, uma alegria mais longa e a tal felicidade.

Pensando bem, entendemos que essas ocorrências não poderiam ocorrer, pois vivenciamos experiências em um mundo de provas e expiações e não em um mundo de regeneração.

Então, neste planeta em que estamos vivenciando experiências múltiplas, nós é que temos de ir em busca dos momentos de alegria, para que a nossa alma vá experimentando pequenos flashes de felicidade, que só haveremos de desfrutar no amanhã das nossas vidas.

Não esperemos que o mundo seja doce e perfumado, mas façamos nós o que é possível ao nosso derredor, para que as pessoas se sintam felizes por compreenderem as estradas que percorrem e que ainda irão trilhar. Quanto a nós, espíritas, devemos entender todos esses momentos, situações e dificuldades que o mundo nos ilustra, pois sabemos que de alguma forma estamos sendo ajudados por Jesus, para que possamos cumprir a missão que nos propusemos.

MOENDA DA ALMA

Em algumas oportunidades, eu me referi a algo que disse quando me encontrava encarnado.

Dissera, na época, que "médium era como cana-de-açúcar, pois se não passasse pela moenda, não adoçaria a vida de ninguém".

Durante a minha vida de encarnado, várias vezes meu coração passou pela moenda da dor, para que pudesse evoluir no sentimento do amor.

Em vários momentos, experienciei a dor em seus diversos matizes, que comprimiam a minha alma, fazendo emergir pelos meus olhos as lágrimas que provinham do meu coração.

Mesmo assim, continuava a minha tarefa na seara de Jesus.

Os dias iam passando, enquanto as dores vinham de todas as direções, dores pessoais que eu sabia, estavam burilando a minha alma.

Às vezes, os desconfortos eram tão intensos, que eu não me sentia em condições de exercer as tarefas a que me propusera.

Esforçava-me para readquirir forças e por momentos, por horas até, permanecia no trabalho com Jesus, alegrando tantos corações, enquanto o meu encontrava-se enfermo pelas maldades do mundo.

O tempo foi passando, aos poucos fui me debilitando e, ao final da minha jornada, quando minha voz praticamente se tornara inaudível, meus movimentos não eram mais compatíveis com as necessidades do meu corpo envelhecido, meus olhos estavam prestes a se fecharem para o mundo, eu me encontrava tendo no coração a presença e o amor de Jesus e a certeza do dever cumprido.

MUNDO REGENERADO

Nós espíritas já lemos ou ouvimos falar a respeito do Brasil, coração do mundo, pátria do evangelho.

Se olharmos mais detidamente sobre os contornos físicos do nosso país, veremos que ele se assemelha a um grande coração.

Isto é apenas uma coincidência? Não, não é. Trata-se de mais uma das inumeráveis pistas que nos são dadas pelo alto, para que possamos avaliar, analisar um pouco mais profundamente este aspecto e nos conscientizarmos de que os Espíritos trabalham há muito tempo e incessantemente, no sentido de colaborarem para que a Terra se transforme em um planeta regenerado.

Porém, para que tal aconteça, temos de transpor inumeráveis obstáculos que já estão previstos.

Não há um tempo fixado para este evento, mas estamos no seu transcorrer.

Os fatos vão ocorrendo aqui e acolá, mas o mundo espiritual está atento, trabalhando para que a Regeneração aconteça, pois é da lei, não há como fugirmos desse ditame divino.

Os Espíritos que ainda estão distantes do Cristo pretendem adiar este processo e o fazem com inteligência, aproveitando-se dos corações distraídos que ainda procuram um líder, alguém que lhes dê forças, pois individualmente não as possuem.

Não nos deixemos abalar pelas ocorrências que por vezes nos decepcionam, fazendo com que venhamos a perder o otimismo, esquecendo-nos de que o futuro está delineado e só o tempo é que ainda não foi determinado.

Por exemplo, o processo de desencarnação é de lei e irá ocorrer, só não sabemos quando e de que forma irá acontecer.

Não tenhamos dúvidas de que o nosso planeta haverá de se transformar em um mundo de regeneração, somente a data é que ainda não foi fixada, pois ela depende de nós, dos nossos atos, palavras e ações.

Enquanto tal não acontece, vivenciamos momentos de transição, naturalmente turbulentos, quando então iremos percebendo os corações que têm perfume e aqueles que têm odor.

Em razão disto, aprofundamo-nos nos ensinamentos de Jesus, esforçando-nos por praticá-los, pois só assim nosso coração permanecerá perfumado.

NÃO HÁ PRIVILÉGIOS

Neste mundo de provas e expiações não há privilégio para ninguém, pois todos que aqui vivenciam experiências trazem os pecados de outrora, afim de que possam resgatá-los durante o tempo em que aqui permanecerem.

Não sabemos qual o acervo de bondade ou não, que se encontra aderido à nossa alma.

Por esta razão, entendemos que não existem injustiçados, pois todos temos de ressarcir as dívidas do passado.

Aqui e acolá, ninguém pode dizer-se incólume a problemas e dificuldades.

Vivenciamos alguns momentos de alegria, mas a maioria deles de apreensões, preocupações, mágoas, ressentimentos, aflições, tristezas..., e assim, cada qual vai delineando o perfil das suas almas.

Quando encarnamos, nossa alma tinha uma ilustração, porém com as experiências vividas fomos mudando a sua contextura, pois não somos mais aqueles que para cá viemos, anos atrás, pois mudamos.

O sorriso que visita os nossos lábios é o efeito colateral das dores que suportamos com consciente resignação.

As palavras ásperas que os nossos ouvidos escutam transformam-se na musicalidade do perdão.

As críticas que, ao longo do percurso fomos recebendo e que antes feriam a nossa intimidade, hoje as encaramos como provenientes de irmãos de caminhada que ainda não aprenderam a cartilha do amor.

Muitas vezes, no passado, a desesperança veio nos abraçar, sentimos seu toque frio, tentando nos subjugar, porém acompanhados por amigos espirituais, conseguimos nos desvencilhar.

As doenças que vieram nos visitar, no início não as compreendíamos bem, porém com o passar do tempo, as entendemos todas, porque representam chamados de Jesus para nos aperfeiçoarmos nas sendas do amor.

Será que é assim, que verdadeiramente pensamos e agimos?

NÃO NOS APARTEMOS DO LIVRO

Vivenciamos o nosso dia a dia entrelaçando os nossos passos com inumeráveis irmãos de jornada, cada qual se responsabilizando por si mesmo no transcorrer das suas vidas.

Cruzamos nas calçadas com pessoas desalentadas, entristecidas; mais além, com outras mentalmente desequilibradas; um pouco mais adiante, com outras tantas mais otimistas, alegres, buscando encontrar a felicidade.

A cada espaço percorrido, nos deparamos com seres diferenciados em suas mentes e em seus corações, procurando ajustarem-se a este mundo de provas e expiações.

Grande parte dos seres humanos, distraídos com os aparatos da matéria, tem dificuldades para saber o que é certo e o que é errado.

Para eles, o certo é tudo aquilo que os beneficia, enquanto que o errado é tudo aquilo que os prejudica.

Por esse comportamento, entendemos que esses irmãos encontram-se dirigidos pelo egoísmo, não conseguindo visualizar o próximo, nem tampouco perceber suas dores e dificuldades, preocupados que estão consigo mesmos.

Convivendo com essas criaturas, de repente eis-nos abatidos, tristes, pessimistas, sinal de que nos deixamos contagiar por elas, pelo mundo.

Por essas razões, não devemos nos apartar do livro espírita, pois é o elo entre nós e o espiritismo com Jesus, sendo por meio dele que encontraremos forças para desfrutar saúde espiritual, evitando o contágio do mundo enganador.

Que o livro continue sendo o nosso amigo fiel de todas as horas, a luz que alumia o nosso caminho, o perfume que aromatiza a nossa alma.

NÃO PERCAMOS TEMPO

Em ocasiões tantas, a vida nos propõe ajudar a nós mesmos, por meio da caridade.

Muitas vezes a praticamos, utilizando-nos da palavra, das ações, do olhar, da escuta às pessoas que, em momentos difíceis, sofrem dores físicas, espirituais, necessitando por isso do nosso amor para que possam equilibrar-se e permanecerem numa certa paz.

Já falamos sobre o significado da cruz de ferro e da cruz de palha em nossas vidas.

A cruz de ferro é a dor íntima que não podemos dividir com ninguém, enquanto a cruz de palha é a dor que sentimos, mas que podemos dividir com aqueles que nos amam.

Em muitas ocasiões somos requisitados para participar da cruz de palha de criaturas que amamos ou mesmo com quem compartilhamos experiências.

    Portanto, não percamos a oportunidade de ajudá-las, porque todas as vezes que essas ocasiões surgirem, Jesus estará nos convidando para consolar e para amar e, assim sendo, nessa doação amorosa, o nosso coração expande-se porque Ele, o Mestre, estará nos acompanhando os passos.

NO SILÊNCIO DA SOLIDÃO

No silêncio da nossa solidão, por vezes o nosso coração escuta o gemido daqueles irmãos que se encontram à deriva da vida.

Nesses instantes, é como se uma dor inimaginável penetrasse em todos os recantos da nossa alma, fazendo-a sentir o sofrimento de tantas e tantas pessoas que, solitárias, caminham em busca de um coração caridoso que as acolha, amenizando seus momentos de tristeza e de solidão.

Direcionam-se para todos os lados, enquanto os seus ouvidos atentos e seus olhares desolados buscam encontrar alguém que as acolham em seu coração.

Seus passos cambaleantes, suas vozes emudecidas, sem forças para clamar por socorro, caminham sozinhas, tendo por companhia a dor suprema por estarem sem ninguém.

Lágrimas não possuem mais, somente as dores da alma e dos seus corpos, prestes a desfalecerem, é que têm algum significado para esses irmãos de jornada.

Porém, Jesus sempre está ao lado dessas criaturas sofridas, amparando-as em todos os momentos que se fizeram e fazem necessários, aconchegando-as em Seu regaço, aliviando as agruras porque passam.

Aprisionadas pelos seus sofrimentos, na maioria das vezes nem se apercebem de que estão sendo por Ele amparadas e permanecem como se estivessem sós.

Queridos, Jesus sempre esteve, está e estará ao nosso lado, pois o que teria sido de nós se Ele não houvesse amainado as dores, por vezes supremas, que já vieram nos visitar?

O JOIO E O TRIGO

Vivem-se hoje, em todo o planeta, momentos difíceis, de norte a sul, de leste a oeste.

As almas em torvelinho buscam encontrar a sua felicidade particular.

Nessa busca incessante, mas ao mesmo tempo desorganizada, perdem o equilíbrio e a harmonia, agindo de forma egoísta em muitos momentos.

Os seus olhos estão, na maioria das vezes, voltados para si mesmos, esquecidos que estão dos irmãos de jornada, que também buscam encontrar a paz.

Enredados por este espaço sideral, habitam o planeta Terra e dele são todos reféns.

Aqui se encontram para experienciar as oportunidades que tiverem no sentido de evoluir.

As cenas que transcorrem diante de si e a agressividade de inúmeras pessoas deixam bem claro que, aos poucos, está havendo a tão falada separação do joio e do trigo.

As ações, as atitudes dos seres humanos que compõem os mais de sete bilhões dos habitantes da Terra, estão nos dizendo quem são e porque aqui vieram.

Vamos assistindo, estupefatos, cenas grotescas, sons desagradáveis, corações desprevenidos em busca do bem-estar.

O que nos parece momentos extremamente difíceis, na realidade representa a separação do joio e do trigo que, aos poucos, vem escancarando-se diante de todos.

Por isso, torna-se importante avaliarmos, intimamente, se somos joio ou trigo para sentirmos como estamos vivendo essa nossa experiência terrena.

Será que a caridade já adentrou nossa alma, assim como a compreensão, o perdão, a piedade...?

Será que olhamos para o próximo sem julgá-lo, entendendo que cada ser tem o livre-arbítrio para ser joio ou trigo?

Encaremos estes momentos que estão sendo ilustrados como sendo o princípio do tão propalado Mundo de Regeneração, para o qual todos estão sendo convocados.

Portanto, a partir de agora, torna-se necessário agir, seja qual for a oportunidade que a vida nos direciona, como Jesus agiria se estivesse em nosso lugar.

O LIVRO

Os livros sempre me encantaram.

Se vocês repararam, em algumas fotos que amigos queridos tiraram da minha pessoa, vão perceber que a maneira com que minhas mãos seguravam o livro ilustrava o grande apreço que por ele sentia.

Eram joias de extremado valor, todos eles, e que foram aos poucos enriquecendo a minha alma, até o dia em que comecei a transportar para as folhas de papel os tesouros com que os amigos espirituais iam me presenteando em forma de mensagens, orientações e experiências de vida.

Às vezes, quando estava só, buscava a companhia do livro e, ao abri-lo, ele enfeitava o meu dia, a minha vida, por meio das frases e dos pensamentos que como cascata penetravam em meu coração, banhando a minha alma.

Por meio destas leituras benditas, eu fui aprendendo o tesouro da modéstia, da simplicidade e, acima de tudo, a conhecer e amar Jesus.

Sem que eu me desse conta, enquanto eu lia o livro, por intermédio dos amigos espirituais que me acompanhavam os passos, Jesus silenciosamente conversava com a minha alma, orientando-me a caminhada.

O MAL NÃO MERECE COMENTÁRIO

Sem nenhuma exceção, vivenciamos inumeráveis situações que nos fazem aprender, evoluir.

À medida que vamos compreendendo os impactos que a vida nos traz, nossa alma vai se tornando mais leve, mais tolerante, pois passamos a melhor compreender as falhas alheias e, ao mesmo tempo, as nossas também.

É muito comum, após as refregas, fazermos comentários os mais variados, como que nos desculpando por algo que tenhamos feito, realizado, promovido.

Assim sendo, dos nossos lábios brotam a crítica, a maledicência que ferem os corações alheios, mesmo que estejam à distância, ao mesmo tempo ferimos o nosso também.

Por esses motivos, procuremos entender que "o mal não merece comentário em tempo algum", pois, ele provoca nas criaturas as quais nos referimos o impacto do desconforto que estamos sentindo.

Em vista disso, silenciemos, não deixemos que nossos pensamentos possam voejar, mantendo-os, sim, enclausurados nas teias veludosas do nosso coração, para que não enderecemos a quem quer que seja o incômodo que estejamos vivenciando, ao mesmo tempo em que estaremos evitando feridas que estariam sendo abertas por nós mesmos em nossa alma.

"O mal não merece comentário em tempo algum!"

O PÂNTANO

Quanta saudade dos tempos em que ainda caminhava neste mundo de provas e expiações.

Quantas vezes, debruçado sobre a escrivaninha modesta, o lápis que eu segurava na mão percorria as folhas de papel, grafando palavras, frases, como perfume a envolverem a minha intimidade.

Quantas vezes, a melancolia viera ao meu encontro, fazendo-me chorar movido pela solidão, pela ingratidão, pela incompreensão...

Aos poucos, porém, as lágrimas iam secando quando amigos espirituais que me acompanhavam na experiência terrena abraçavam-me, incentivando-me a prosseguir, a não desanimar.

Numa dessas oportunidades, quando tive a honra de, por meio da mediunidade, colocar sobre o papel as lições em forma de versos, trazidas pelo Espírito Casemiro, meus lábios passaram a sorrir a cada estrofe e aquela melancolia que tentava me abraçar dissipara-se, permitindo que a paz voltasse à minha alma.

Quando eu me aprofundei nas estrofes que já haviam sido grafadas e que depois iriam fazer parte do livro, uma delas chamou-me a atenção, pois assim dizia: "Jesus é o eterno lavrador e o pântano somos nós".

Assim sendo, entendi que eu não tinha o direito de me deixar envolver pela melancolia, pois em momento algum o Cristo nos deixa sem o Seu amparo e sem a companhia de amigos de cá e de lá, bastando apenas que mantenhamos sempre aberto o nosso coração.

O QUE JESUS ESPERA DE MIM?

Muitas pessoas, ao acordarem, fazem a sua oração matinal, outras buscam uma página de um livro, outras refletem em sua vida; porém, todas as vezes que o nosso corpo físico deixar o leito, pondo-se a trabalho, deveríamos, antes de tudo, fazer uma só pergunta cuja resposta seria dada ao longo do dia:

"O que Jesus espera de mim?"

Esse questionamento irá ressoar nos ouvidos do nosso coração e todas as vezes que formos chamados pela vida a interagir, qual seja o momento ou situação, iremos nos lembrar dessa pergunta e passaremos a agir como se Jesus estivesse em nosso lugar.

Entretanto, o mundo nos abraça e esquecemo-nos da pergunta e, consequentemente, de Jesus.

Um passo adiante e sentimos as dores que a vida nos direciona em forma de palavras, ações, atitudes, ocorrências... E assim, esquecidos de que estamos da realidade espiritual, lastimamos o ocorrido e envolvemo-nos em ondas de pessimismo, tristeza e decepção.

Todavia, se tivéssemos mantido em nossa mente a pergunta: "O que Jesus espera de mim?", naturalmente, as nossas palavras, as nossas atitudes e as nossas ações seguiriam seu rumo, enquanto Jesus estaria acompanhando-nos os passos, envolvendo-nos com Sua paz.

O VALOR DA PALAVRA

A palavra acaricia ou maltrata, absolve ou condena a quem a escuta.

A palavra adentra o coração de quem nos dá a honra de escutar, acariciando-o ou enfermando-o.

Temos de bem avaliar a união das letras que formam as palavras, pois, ao formulá-las, elas carregam um sentido, uma essência. Enquanto as letras são concretas, o sentido das palavras é espiritual.

As palavras levam em seu bojo um significado, tendente ao bem ou ao mal. Por esta razão, antes de deixá-las fluir de nossos lábios, façamos com que passem pelo nosso coração.

Os nossos lábios se movimentam, os sons vêm através da nossa fala e os ouvidos os escutam.

O que estamos fazendo no dia a dia da nossa vida para perfumarmos as palavras que emitimos?

Quais as razões que nos fazem utilizar das palavras críticas, criando ao nosso derredor inimizades, discussões, confrontos, quando, na realidade, deveriam acarinhar, compreender, perdoar?

Olhemos para o interior de nós mesmos, para que possamos bem conhecer e utilizar o dicionário de palavras que levamos conosco dia após dia.

Lemos muitos livros, entretanto, apesar dessas leituras, nem sempre os nossos lábios demonstram conhecer a cartilha de Jesus.

Por isto, avaliemos bem o lastro de conhecimentos e de amor que temos em nosso coração, para que, doravante, as nossas palavras fluam de nossos lábios, levando em sua essência a compreensão e o amor ao próximo.

OÁSIS DA ALMA

Um viajante percorre as areias quentes do deserto e em algum momento desacelera os passos para poder desfrutar do Oásis que ali, diante de si, se encontra, saciando sua sede e protegendo-se do calor causticante que maltratou o seu corpo, trazendo-lhe desconforto e impaciência.

Após saciar a sede e refrigerar o veículo carnal que a sua alma carrega, segue viagem, energizado, continuando em busca do seu destino.

Quando nascemos, somos como que viajantes do mundo. Em princípio, somos acolhidos por corações que nos amam, assumindo compromissos para conosco, para, juntos, vivenciarmos nova experiência encarnatória.

Por vezes, sofremos os impactos que o mundo nos reserva, fazendo-nos muitas vezes perder o ânimo, a motivação, o otimismo...

Todavia, apesar dessas intempéries, continuamos percorrendo as estradas da vida e, cansados, buscamos um oásis onde possamos refrigerar a nossa alma, amenizar os nossos sofrimentos, renovando as esperanças no amanhã.

Em determinado momento, nos vemos adentrando a Casa Espírita, na expectativa de ali encontrarmos a paz que estamos procurando.

De imediato, percebemos que as pessoas que lá se encontram, têm problemas tais ou maiores que os nossos, mais ou menos intensos, mais ou menos difíceis de transpor, mas ali se encontram atentos ao palestrante, envolvidos pela música suave que embala a sua alma.

Os minutos vão passando e, de repente, vemo-nos encaminhados à sala de passes para recebermos as energias que nos darão forças para prosseguir em nossa jornada.

O tempo passa e chega o momento do término dos trabalhos.

O nosso coração pulsa mais forte, nossa alma tornou-se mais sensível, sentindo-nos estimulados a exercitar a caridade para conosco e para com os outros. Houve, sem dúvida, uma mudança.

Porém, ao sairmos da Casa Espírita, o mundo nos acolhe outra vez e o suave perfume de Jesus, que no interior do templo nos envolveu, pouco a pouco, dissipa-se.

Assim sendo, voltamos a ser novamente cidadão do mundo, buscando encontrar a felicidade, sem nos darmos conta de que a felicidade da compreensão estava lá dentro da Casa Espírita, pois as lições que nos foram ministradas, na realidade eram como se Jesus estivesse falando conosco, enquanto o perfume do Seu amor envolvia nossa alma.

Distraídos pelo mundo da matéria uma vez mais, perdemos a oportunidade valorosa de nos identificar com Jesus e de, no futuro, vir a servi-Lo.

Obrigado, meu Pai!

Quando ainda me encontrava refém do solo da Terra, depois de uma noite de profícuo trabalho espiritual, quando meu coração se alegrava por ter tido a possibilidade de, modestamente, auxiliar a tantos irmãos, orientando-os na caminhada, eu retornava para o meu lar, radiante por ter deixado muitos corações felizes.

Quando o meu corpo demonstrava o cansaço da lida diária, somado aos números da minha idade, solitário, fechava os olhos tendo a certeza de que iria continuar o meu trabalho no além espiritual.

Pela manhã, ao abrir os meus olhos, sentia de pronto as responsabilidades vindo ao meu encontro, pois, por meio da mediunidade, levaria a palavra de Jesus, beneficiando a tantos corações, o que me fazia muito feliz.

Independentemente do tempo que iria empregar no trabalho de ajuda espiritual, eu sorria por dentro, pois seria mais um dia com que o Pai me presenteava com o dom da vida.

As horas passavam céleres e quando me dava conta a noite havia chegado e, com ela, novas alegrias, pois de retorno à Casa Espírita, iria novamente receber o carinho de tantos e a palavra amiga dos Espíritos que me acompanhavam na jornada.

Hoje, que me encontro na erraticidade, agradeço ao Pai por todos os momentos de trabalho que me proporcionou e também à somatória de todas as alegrias que os encarnados me proporcionaram, assim como a confiança que em mim depositaram.

Assim, agradecido, eu levanto os meus olhos para o alto, dizendo feliz: "Obrigado, meu Pai!".

Olhos e ouvidos da alma

Ao enveredarmos pelas passarelas do mundo, em grande parte do tempo, nos esquecemos de Jesus.

Os constantes e variados apelos da matéria falaciosa enceguecem os nossos olhos, emudecem as nossas vozes, dificultam-nos ouvir a voz do Pai dizendo: ame!

Assim, a cada novo dia, o nosso coração se decepciona, se confrange devido às ilustrações que o mundo nos convida a apreciar.

Por vezes, as dores, traduzidas em vozes lamuriosas de irmãos de jornada, fazem com que os nossos olhos marejem, compelidos pelo sofrimento alheio.

Em momentos tantos, sentimo-nos impelidos a ajudá-los por meio da nossa palavra, da nossa escuta, do nosso abraço, do nosso olhar.

Todavia, o mundo ainda tenta nos seduzir com suas efêmeras e enganosas gloríolas, fazendo de tudo para que não enxerguemos quem sofre, que não escutemos os sons do choro alheio, nem tampouco nos solidarizemos com as dores daqueles irmãos que caminham conosco, lado a lado.

Porém, com o passar do tempo, o nosso coração vai mudando o seu comportamento, passando a compadecer-se daqueles que sofrem, quando então passamos a sentir uma alegria íntima que deixamos extravasar de nossos lábios, do nosso olhar, do nosso semblante, levando essa nossa alegria para aqueles que se encontram ao nosso derredor.

Portanto, é importante que nos aprimoremos intimamente, dia após dia, para que passemos a enxergar e a escutar não só com os olhos e os ouvidos da carne, mas sim com os olhos e os ouvidos da nossa alma, a fim de que possamos, onde estivermos, amenizar as dores alheias, pois assim agindo teremos a certeza de que Jesus estará nos acompanhando os passos.

Ouvidos da alma

Enquanto encarnados, dependendo das nossas conquistas espirituais, apresentamos maior ou menor possibilidade de compreendermos, pelas vias do pensamento, o que o nosso guia espiritual está nos inspirando, nos intuindo.

Nós, espíritas, temos o conhecimento da participação dos Espíritos em nossas vidas, pois a todos os momentos em que se torna necessário, eles procuram nos ajudar, colaborando em nossas caminhadas para que não venhamos a sucumbir durante o trajeto.

Entretanto, deficitariamente ligados ao mundo espiritual, nem sempre conseguimos entender a linguagem mental desse nosso fiel amigo, dando ouvidos na maioria das vezes à linguagem do mundo, com seus atrativos, suas glórias, sem valores efêmeros e ilusórios.

Assim sendo, vamos escorregando, tropeçando, caindo nas ciladas a que o mundo vai nos conduzindo.

Às vezes, machucamo-nos tanto que nos deixamos enlaçar pela revolta, pela destemperança, pelo desdém para com as nuanças espirituais.

Dessa forma agindo, mais nos distanciamos deste amigo que está sempre colaborando conosco e, à medida que essa distância vai se ampliando, permanecemos sós, mais sujeitos às intempéries da vida, aos sofrimentos, às dores, para que venhamos a aprender o que teríamos aprendido se tivéssemos escutado a voz silenciosa do seu pensamento.

Por essas razões, tenhamos sempre em mente manter viva a ligação mental com o nosso guia espiritual, para que possamos ouvir com os ouvidos da alma os seus conselhos a respeito da rota que deveremos seguir, pois Jesus está nos aguardando.

Oxigênio da alma

O nosso corpo, para sobreviver às experiências físicas que lhe são destinadas, necessita fundamentalmente do oxigênio para energizar as células, para que possam cumprir o desiderato reencarnatório.

Quando nos vemos privados do volume de oxigênio de que necessitamos, o buscamos incessantemente para readquirirmos as forças necessárias para a nossa caminhada.

Nas grandes metrópoles, o oxigênio se torna mais difícil, pois mescla-se com a poluição corriqueira, comum nesses grandes centros populacionais.

Por essa razão, muitos seres humanos buscam a praia, o campo na expectativa de que, nesses lugares, possam encontrar o oxigênio mais puro que vai lhes dar o bem-estar físico de que necessitam para continuar suas caminhadas.

Entretanto, em grande parte das vezes, esquecem-se do oxigênio da alma, pois dele necessita desde o momento em que pisou o chão da Terra.

Onde está esse oxigênio de que tanto a nossa alma precisa?

Sem dúvida, encontra-se em muitos lugares. Na leitura salutar, na oração sincera e pura, no Evangelho que fazemos no interior do nosso lar, nas conversações profícuas, no olhar ternuroso, nos ouvidos pacientes, nas mãos trabalhadoras, no coração amoroso...

E assim, oxigenando a nossa alma, Jesus acompanha-nos na jornada, não nos deixando jamais faltar o oxigênio dos Seus ensinamentos e do Seu amor.

Página em branco

A cada dia, Jesus nos oferece uma página em branco, sobre a qual iremos grafar as nossas palavras, atitudes e ações, condizentes com as experiências vividas.

Poderemos grafá-las com palavras doces, como também com palavras ácidas, amargas que tenhamos direcionado a algum coração que nos deu o privilégio da companhia.

Por vezes, as nossas atitudes ou ações não recebem o aval de Jesus, ferindo as almas que se encontram ao nosso derredor, assim sendo, as grafamos também.

Outras vezes, grafamos palavras fúteis, inúteis, sem fundamentos, que nada constroem e que o tempo se incumbirá de apagá-las.

Em oportunidades outras, grafamos palavras amorosas que enfeitam a nossa vida e a daqueles que conosco caminham pelas mesmas calçadas.

Atitudes e ações que nos levam a percorrer as veredas do bem também as grafamos nas páginas com que Jesus nos presenteou.

Durante a nossa vida, com o passar do tempo, muitas páginas vão sendo escritas, utilizando-nos de cores claras ou escuras, que poderão ou não enfeitar o nosso amanhã.

Por essas razões, ao nos levantarmos, não nos esqueçamos de que temos uma folha em branco a ser grafada com os ensinamentos do Mártir da Cruz.

Ela é clara, luminosa, perfumada e que, com o passar do tempo, poderá ser escurecida pelas nossas palavras, atitudes e ações destituídas de fraternidade.

Essa folha, todas as manhãs, se encontra bem diante de nós e a maneira mais correta e eficaz de preenchê-la é utilizando-nos da caneta do amor, presente em nosso coração.

PENSAMENTO

Gostaríamos, através dos nossos olhos, de observar o sorriso exposto nos lábios daqueles que caminham conosco neste mundo de provas e expiações.

Todavia, nos tempos atuais, nem mesmo um esboço de sorriso comumente percebemos nos rostos das pessoas, pois encontram-se, em sua maioria, envolvidas por um clima de desconfiança, antagonismo, antipatia, revanchismo, que lhes trazem preocupações, desconforto e perspectivas pessimistas.

Não temos meios de colocar nossa voz nos microfones para que as pessoas tomem conhecimento da doçura que visita a nossa alma.

Não temos condições de abraçar a humanidade, nem tampouco de ilustrar às pessoas a bondade que está presente em nosso olhar, em nosso coração, em nossa alma.

Entretanto, por meio do nosso pensamento, pleno de bondade, somos capazes de enviá-lo a toda a humanidade sofrida e, quando assim agimos, ao mesmo tempo um sorriso vem visitar os nossos lábios, evidenciando a alegria da nossa alma, dizendo: "Avante irmãos, pois Jesus está no leme desta imensa nau chamada Terra!"

Perfume da Alma

O mundo precisa de novos aromas provindos dos corações que amam, dos que enxugam o pranto de quem chora, dos que abraçam quem está em solidão, dos que compreendem e perdoam quem erra, dos que amam incondicionalmente.

Onde estivermos, com quem estivermos, dialogando ou não, vamos exalar o perfume que se encontra em nossa alma, exalando-o por meio da palavra, do olhar, do sorriso, do aperto de mão, do abraço...

A humanidade está carente de amor e não é justo que nós, espíritas, caminhemos pelas avenidas da vida sem exalar o perfume do amor que fomos amealhando, pouco a pouco, no coração.

A Doutrina Espírita é um frasco de perfume cujo conteúdo jamais termina, enquanto nós, quando agimos em prol do bem, representamos o perfume desta Doutrina consoladora, indo muito, muito mais além.

Por essas razões, paremos um pouco para refletir a respeito de quem éramos, de quem somos e de quem haveremos de ser.

Se no passado, o aroma do amor mantinha-se enclausurado em nossa alma, agora ele está ansioso por libertar-se, para que todos aqueles irmãos de jornada que estiverem em nossa presença possam sentir em nós o perfume de Jesus.

PERFUME DE JESUS

Com o passar do tempo, vamos experienciando inúmeras situações que nos fazem refletir sobre o nosso amanhã.

À medida que vamos estreitando os laços com Jesus, pelas vias do sentimento, vai emergindo através dos nossos olhos e dos nossos lábios o perfume do Mestre, que aromatiza a nossa alma, fazendo-a exercitar-se a cada momento pelas estradas do amor.

Assim sendo, quando choramos nem sempre é de tristeza, mas também de alegria por compreendermos e sentirmos a Sua doce presença no íntimo da nossa alma.

Como gostaríamos que todos os irmãos de jornada sentissem esse abraço amoroso do Mestre.

Todavia, apesar de Ele estar sempre com os braços abertos, nossas palavras, atitudes e ações nos desvencilham desse abraço, deixando-nos envolver pelas amarras deste mundo efêmero, transitório.

Por outro lado, nesta longa caminhada, vamos também tomando conhecimento dos incontáveis irmãos que se deixaram abraçar por Jesus, esboçando a alegria nas suas feições, através do sorriso amistoso, dos olhos ternurosos e do amor no coração.

Por isso, não importam as intempéries e os reveses da vida, mais ou menos intensos, nem tampouco as dores e as aflições. Liguemo-nos incondicionalmente ao Mestre, empenhando-nos para colocar em nossa alma o Seu perfume, para que, assim agindo, intimamente consigamos conquistar, por meio do amor, todos aqueles que estiverem ao nosso redor e ao mesmo tempo conquistar o equilíbrio do nosso corpo e a paz da nossa alma, obtendo assim as energias necessárias para que possamos trabalhar pelo Cristo.

PERSEVERAR

Muitas pessoas passam pela vida sem entender o significado da palavra perseverar, pois, comumente, se veem desistindo das batalhas a que se propuseram.

Inicialmente o entusiasmo brota dos seus lábios em um sorriso otimista, mas, tão logo a vida lhes endereça momentos menos agradáveis, o sorriso desaparece e a esperança se transforma em pessimismo.

São irmãos que começam tarefas e não as terminam, começam suas caminhadas, felizes por iniciá-las, porém, tão logo as dificuldades aparecem, deixam-nas, desperdiçando todo o tempo que utilizaram enquanto seus lábios sorriam.

Assim os anos vão passando, a vida transcorrendo enquanto continuam sendo as mesmas pessoas, iniciando e não terminando suas obras.

Todos nós temos de ter paciência para que as coisas aconteçam, pois Jesus aguarda nossa evolução há mais de 2000 anos.

Ele é o exemplo da perseverança e da fé em nós mesmos, apesar de continuarmos patinando nos ensinamentos contidos em Seu Evangelho.

Em nenhum momento Jesus nos obrigou a fazer algo, nem tampouco nos obriga agora, porém o nosso desconhecimento da lei de ação e reação faz com que estejamos sempre retornando ao ponto de partida para recomeçar, faltando-nos a perseverança para continuar.

Aqueles irmãos de caminhada que já entenderam o significado da palavra esperança, mesmo passando por momentos difíceis, continuam tendo a certeza de que Jesus se encontra em cada canto, em cada coração, estimulando-nos a, resolutos, prosseguir, perseverar.

Planeta Terra

O planeta chora!

As lágrimas brotam dos olhos daqueles que amam e também daqueles que sofrem movidos pela compaixão e pela caridade.

São almas caminhando pelo mundo, vivenciando as dores que o mundo lhes direciona.

Seus corações se confrangem, seus temores se alastram e suas dores assumem, por vezes, proporções incalculáveis.

É o mundo de provas e expiações fazendo-nos experienciar momentos tantos que, em verdade, aceleram a evolução da nossa alma.

Há tantos e tantos séculos utilizamo-nos da palavra irmão, todavia, dos lábios para fora e não dos lábios para dentro.

Entretanto, as graves ocorrências que o mundo vem nos ilustrando, dia após dia, fazem-nos considerar como irmãos todos aqueles que padecem, trazendo para dentro de nós um pouco das suas dores, confraternizando-nos, mesmo à distância, com todos eles.

Nesses momentos difíceis e dolorosos é que nos sentimos de fato irmãos da humanidade, quando na realidade deveríamos ser sempre.

PRESENÇA DE JESUS

Todos nós, a cada momento, somos acompanhados pela palavra saudade.

Sentimos saudade de ontem, do anteontem e de tantos outros dias, durante os quais exercitamos experiências múltiplas que o Pai da vida nos possibilitou vivenciar.

Em inúmeras oportunidades fica gravada em nossa alma a saudade por algo, por alguém, por algum lugar, trazendo-nos momentos de reflexão e, às vezes, de repentina melancolia que nem sempre sabemos explicar.

Sentimos, por vezes, saudade da nossa própria enfermidade, pois durante aquele período muitos corações amigos vieram nos dar o prazer do convívio, do carinho, da palavra fraterna, do abraço amoroso...

Outras vezes, recordamo-nos, saudosos, da nossa mocidade, quando vivíamos felizes, mesmo sem nada ou quase nada possuirmos, somente o tesouro da juventude.

Sentimos saudades dos parentes que já se foram, daqueles que estão distantes, do professor que nos ensinou as primeiras letras, dos profissionais que nos acolheram quando éramos inexperientes, do ambiente familiar, onde aprendemos a entrelaçar os nossos corações.

Vivemos num mar de saudades.

Atualmente, quando os nossos olhos enxergam as ilustrações modernas do mundo, quando os nossos ouvidos escutam seus sons, por vezes agressivos, sentimos uma nostalgia inexplicável, não sabendo quando ela veio e nem quando irá nos deixar.

Porém, refletindo mais profundamente, iremos constatar que o que sentimos agora é, na realidade, saudade da presença de Jesus em nossa vida.

PRIVILEGIADO

A despeito de todos os dias difíceis pelos quais passei, em momento algum fiz qualquer tipo de reclamação, aceitando a vida como ela era.

Quantas vezes, meus ouvidos escutaram o que não queriam ouvir, meus olhos viram o que não queriam enxergar, meu coração sentira os apodos do mundo querendo me maltratar.

Mas mesmo com todas essas ocorrências, eu sentia na intimidade da minha alma uma inexplicável alegria e que não podia compartilhar com ninguém, porque provavelmente as pessoas não iriam entender que, apesar dos meus dissabores, como eu poderia sentir esta alegria inexplicável?

Eu tinha a consciência de que incontáveis criaturas sofriam mais do que eu e que não era justo pensar diferentemente.

Num determinado momento, meus ouvidos escutaram mais uma vez o que eu não gostaria de ouvir, quando pessoas que ainda não traziam no coração o sentimento mais puro do amor, diziam-me que eu era um privilegiado.

Aquelas palavras agiram nem minha alma como punhais que maltratavam a minha intimidade, pois eu não encontrava as justificativas para o que estavam alardeando a meu respeito.

E assim, desconfortado, foi quando apareceu diante de mim Emmanuel, este amigo incansável, dizendo-me:

"Você de fato é um privilegiado!"

Aquelas palavras impactaram-me ainda mais profundamente, quando então perguntei-lhe: "Por quê?" e ele respondeu-me: "Por que você tem o privilégio de servir a Jesus!"

PRÓ-ATIVIDADE E GPS

Hoje em dia, na linguagem contemporânea, ouve-se muito falar em pró-atividade e, também num tal aparelhinho chamado GPS.

A pró-atividade dá-nos uma visão sequencial do que irá nos acontecer no amanhã, caso continuemos a pensar e agir como costumeiramente fazemos.

Receberemos lá na frente os parabéns ou a corrigenda. Como vemos, trata-se de uma ilustração contemporânea da lei de ação e reação.

Quanto ao GPS, ele nos dá o roteiro a seguir para chegarmos a um determinado destino, enquanto que o espiritismo nos indica quais os caminhos que deveremos trilhar para chegar aos braços de Jesus, ou seja, é o nosso "GPS espiritual".

Nessa corrida desabalada dos dias atuais, motivada pelas conquistas efêmeras do mundo, grande parte das pessoas, ainda distraídas, não dão o devido valor ao que lhes irá ocorrer quando o corpo ceder ao desgaste e à morte.

Todavia, os espíritas, conscientes da necessidade das conquistas da alma, devem se manter atentos, pois sabem que aqui estão para cumprir os compromissos que assumiram frente à espiritualidade, quando estavam no além.

Qualquer negligência, qualquer deslize espiritual que promovam evidencia que não estão correspondendo aos seus próprios anseios espirituais que em suas almas foram gravados.

Por isso permaneçam atentos para que não venham a escorregar mais uma vez, pois o espiritismo nos deu e continua nos dando alicerces para construirmos em nós o edifício do amor.

Não há como nos desculpar amanhã pelas conquistas não realizadas no tocante a evolução da alma.

Por essas razões, avaliemos o nosso hoje para termos a certeza de quem seremos amanhã, se continuarmos trabalhando na seara de Jesus.

Tal atitude, podemos denominá-la de "pró-atividade espiritual".

PRÓ-ATIVIDADE

Há quanto tempo os nossos ouvidos escutam, aqui e acolá, a palavra perdão; todavia, nós a analisamos muito superficialmente, sem, na realidade, entendê-la por completo.

Esta palavra flui através dos nossos lábios, penetra os corações, mas lá dentro não consegue ser bem decifrada em seu real significado.

Ao olharmos ao nosso derredor, notamos que as pessoas, como nós, cometem equívocos, acertos e temos dificuldades para entender que essas mesmas pessoas que se equivocam, amanhã não se equivocarão mais.

Que essas pessoas que nos ferem a intimidade com as suas palavras ou ações, amanhã não mais o farão.

Átila, rei dos unos, não é mais aquela pessoa cruel de outrora, regenerou-se, levando ao seu coração a paz que naquela época desconhecia.

Quantas vezes já escutamos que o mau homem de hoje será o anjo de amanhã? Quantas?

Todos nós sabemos disso, mas vivemos distraídos, sem nos darmos conta de que a pessoa que nos magoa ou por quem nos deixamos magoar, amanhã será outra, pois vai aprender com a vida.

Falamos tanto em pró-atividade, porém nesse sentido deixamos de ser pró-ativos.

Não é difícil perdoarmos a quem agora está no caminho errado, basta refletirmos um pouco para entendermos que esta mesma pessoa, com a nossa ajuda, acabará trilhando o caminho certo.

Vamos então, a partir de agora, melhor avaliar a palavra perdão, com maior pró-atividade, pois sabemos que perdoamos hoje, o anjo de amanhã.

PRONTOS PARA SERVIR

Às vezes, mergulhando nos mares do mundo, sentimo-nos apequenados frente à imensidão que nos rodeia.

Ali, corações amargurados pela perda de entes queridos; ao nosso lado, alguém que sofre com os espinhos da dor; mais além, outros, fruto do vivenciar anterior, carregam em si as dificuldades irreversíveis do corpo físico. Entretanto, olhando para nós mesmos, percebemo-nos saudáveis, prontos para servir os irmãos necessitados.

Conscientizamo-nos de que, até então, fomos poupados deste mar de lamúrias, dores e expiações.

Então, quando estivermos sós, agradeçamos ao Pai da Vida pela oportunidade que nos está dando de poder caminhar sem necessitarmos de socorro, buscando evoluir e, pouco a pouco, deixando de lado a matéria que nos inebriou por tanto tempo.

Assim refletindo, não vamos mais esperar, pois enquanto tivermos forças e vontade, não devemos esmorecer, caminhando, ofertando um pouquinho de tudo aquilo que o Pai nos concedeu às pessoas que necessitam.

Não importa que os nossos pés sangrem, nem que os nossos olhos lacrimejem, pois o essencial é que nossas mãos e o nosso coração continuem ativos no exercício da caridade e do amor.

Quem ama jamais se separa

Quando reencarnamos, aos primeiros sinais da nossa presença no ventre materno, inicia-se uma nova etapa na vida de quem chega e na vida de quem nos recebe.

No princípio, os pais amam intensamente quem está chegando, é um amor mesclado de preocupações, receios, surpresas e assim o tempo vai passando no calendário da vida.

Enfim, desvencilhamo-nos do ventre materno que, generosamente nos acolheu, para darmos início à nossa própria existência, ajudados e acompanhados pelos pais e por aqueles que nos amam.

Em sequência, a nossa liberdade aos poucos vai se ampliando, quando passamos a vivenciar a adolescência.

Gradualmente, o nosso coração vai se sentindo afastado daqueles que tão amorosamente nos acolheram no passado. Os genitores percebem que o amor como que se estagnou, pois seus corações de pais vão vivenciando a ingratidão, a solidão, o distanciamento, apesar de manterem a mesma chama do amor que os acompanhava desde os primeiros tempos.

Dessa forma, com o passar dos anos, os filhos vão formando famílias, restando apenas os antigos cônjuges, quando, às vezes, por razões tantas, se vêm ainda mais distanciados daqueles que tanto amam.

Com o tempo, um deles despede-se da vida material, partindo para o mundo espiritual, sua verdadeira morada, levando consigo a saudade, a mesma saudade que permanece em quem ficou.

Espíritas que somos, temos a certeza de que não morremos, de que continuamos vivos.

Assim sendo, sabedores da infinita bondade do Pai da vida, que nos criou para nos exercitamos pelas veredas do amor, fica em nós a certeza absoluta de que quem ama jamais se separa.

QUEM DEU E QUEM RECEBEU?

Ao caminharmos pelo chão da Terra, em algum momento surge a oportunidade de colaborar ou mesmo ajudar a alguém que está transitando conosco pelas estradas da vida.

Às vezes, um só sorriso de nossa parte, um cumprimento, um olhar, um pedaço de pão ou então algumas poucas moedas ofertadas a quem nada tem, são suficientes para alegrar a vida de alguém, dando-lhe incentivo para continuar sua jornada.

São tantos os agradecimentos que depois recebemos que ficamos até um pouco encabulados porque o que demos foi tão pouco e, praticamente, nada nos custou.

Porém, a pessoa que recebeu a singela moeda, talvez venha saciar a fome que a persegue, enquanto que o sorriso ofertado talvez lhe devolva as esperanças no amanhã.

Recebemos tantos agradecimentos sob a forma do olhar lacrimoso, da palavra carinhosa, da vontade às vezes contida de nos abraçar, agradecendo-nos que, na realidade, fica-nos a pergunta: "Quem deu e quem recebeu?"

REMÉDIO DE JESUS

Quando ainda me encontrava caminhando pelas estradas da matéria, em muitas ocasiões o meu coração chorava, flechado pelas ingratidões do mundo e pelas pessoas que ainda tinham os olhos voltados para outras paisagens, ainda distantes das espirituais.

Muitas vezes, acordava trazendo no peito uma dor silenciosa, não referente ao corpo físico, mas sim à alma comumente cansada pelos impactos que a vida me direcionava.

Após o modesto desjejum, a alegria aos poucos vinha ao meu encontro, porque por meio do papel e do lápis eu me encontrava outra vez com a felicidade; felicidade esta trazida pelos amigos espirituais que me presenteavam com as suas companhias.

Depois de várias laudas escritas, era como se o meu coração sorrisse, entendendo que o dia era uma bênção de Deus e eu precisava fazer desta bênção a estrada de Jesus.

Quando o finalzinho da tarde se aproximava, eu me dirigia ao Centro, encontrando guarida nos braços dos necessitados, cujas dores faziam marejar seus olhos, enquanto o meu coração se alegrava em seus braços, distantes que estavam do orgulho, da crítica, do desamor.

Assim, enriquecido de amor, eu sentia uma vontade enorme de retribuir a todos por tudo o que estavam me ofertando.

Ali passava horas envolvido por muitas alegrias.

Enquanto isto ocorria, os amigos, preocupados com a minha saúde, esforçavam-se para me convencer a não trabalhar por muitas horas seguidas, poupando-me as energias.

Porém esses queridos irmãos não sabiam que enquanto eu ali permanecia, estava recebendo simplesmente o remédio de Jesus.

RETINA ESPIRITUAL

Enquanto aqui me encontrava encarnado, trabalhando na seara de Jesus, as horas passavam e, muitas vezes, debruçado sobre as folhas de papel, tinha como companhia os amigos espirituais que me ajudavam na caminhada.

Quantas vezes meus ouvidos escutaram as suas palavras que neles penetravam, indo de imediato ao encontro do meu coração, trazendo-me a alegria do conforto da amizade.

As horas iam passando e o meu corpo nada sentia, enquanto a minha mente trabalhava movida pelo amor.

Quando se aproximava, pouco a pouco, o horário em que eu deveria me dirigir ao

Grupo Espírita da Prece, um contentamento inexplicável invadia a minha alma, apesar de já ter trabalhado todo o dia com a alegria da companhia espiritual.

Ao avizinhar-se a noite, o contentamento ia se intensificando porque eu iria me encontrar com corações que aguardavam, felizes, minha modesta presença, possibilitando-me desfrutar do convívio de tantos.

Quando lá chegava, os sorrisos, os abraços, as palavras doces que os meus ouvidos escutavam, alegravam o meu coração, dando-me ânimo para continuar feliz na minha jornada.

Eram tantos os sorrisos, os abraços, as palavras, que não havia tempo para eu poder responder a tantos corações, porém eu o fazia por meio da minha alma a todos eles agradecida.

Meu olhar pairava sobre todas aquelas criaturas amoráveis, acompanhado pelo sorriso dos meus lábios e, observando mais detidamente, cada uma delas, ainda vivenciando dores e sofrimentos, ilustravam cenas que guardava na minha retina espiritual e todas as vezes que a solidão tentava me abraçar, eu me recordava daqueles momentos e agradecia a todos pelo amor que me dedicavam, estimulando-me a prosseguir na minha redentora romagem.

Sal das Almas

Todos nós conhecemos a importância do sal em nossas vidas.

Está presente em muitos lugares, em quantidades consideráveis para que, em momento algum, venha a nos faltar.

Apesar da necessidade que dele temos, como está sempre disponível, não lhe damos o devido valor, a devida importância.

Todos nós vivemos experiências múltiplas neste mundo de provas e expiações e, nem sempre, conseguimos enxergar as benesses que ele nos ilustra.

Assim sendo, as dores vêm em nosso encalço. Repudiamo-la, achamo-la injusta, teimosa, fria, deserdada de amor.

Porém é por meio dela que conseguimos enxergar o que, antes dela, não enxergávamos.

Refletindo sobre essas considerações, chegamos à conclusão de que não necessitamos da dor para evoluir, bastaria apenas entendermos que os ensinamentos de Jesus é o sal das nossas almas, disponível para todos nós.

Saudade de Jesus

Algumas vezes, ao voltar para casa, depois de uma noite recheada de amor, quando desfrutei de companhias queridas que, com sua amizade alimentavam a minha alma, aguardando que o sono viesse me buscar, fui envolvido por uma solidão inexplicável, pois entendia que, terminada a festa, temos de lavar os pratos.

O convívio com almas queridas, quando chegava ao seu término, era natural que me sentisse só, entretanto tal ocorrência me deixava desconfortado, pois sabia que não deveria me comportar dessa maneira.

Em uma dessas oportunidades, enquanto meus olhos derramavam algumas lágrimas, uma voz doce se fez presente em meus ouvidos, orientando-me sobre o porquê desta momentânea tristeza e solidão, dizendo-me: "É saudade de Jesus!".

SAUDADE – ALEGRIA

Ah! Doces recordações de um passado florido e, ao mesmo tempo, espinhoso.

Quando me ponho a recordar os tempos idos, vivenciando, encarnado, experiências múltiplas com corações tantos, sinto uma saudade imensa, porque os tempos não voltam mais, são águas passadas e os amores que lá deixamos talvez tão cedo não iremos reencontrá-los e deles desfrutar a companhia.

Não é tristeza, mas sim a expressão de um sentimento amoroso que emerge do meu Espírito, em forma de saudade.

No transcorrer da nossa jornada reencarnatória, procuremos sempre fazer o bem, o melhor em favor das pessoas, fazendo-as colocar um sorriso nos lábios, alegria no olhar, amor no coração, pois o tempo passa e, nos momentos de nossas reflexões, se tivermos deixado de fazer algo por alguém que sabíamos dever ter feito, seremos acossados pelo remorso, acusados pela nossa consciência.

Por isso, aproveitemos todas as oportunidades que tivermos para fazer o bem a quem quer que seja, para que no nosso amanhã sintamos a saudade-alegria por termos deixado alguém feliz.

SAUDADES...

Saudade é uma palavra tão simples, com tão poucas letras, mas que traduz suave musicalidade.

Quando os nossos lábios a pronunciam, nosso coração a acompanha, fazendo por vezes nos lembrar do passado, dos tempos idos que não voltam mais, quando então nos confraternizávamos com os corações que nos eram caros.

Saudades da palavra amiga, dos conselhos dados e recebidos, dos abraços que fortaleciam a nossa alma, dando-nos forças para prosseguir na jornada.

Saudades dos olhares ternos, dos ouvidos pacienciosos que nos escutavam.

Saudades dos pensamentos nobres que visitavam a nossa mente.

Saudades dos necessitados que não tinham o pão para se alimentarem, dando-nos a oportunidade de poder atendê-los dessa forma tão simples.

Saudades daqueles lares modestos que nos aconchegavam, fazendo-nos desfrutar do calor dos corações dos seus moradores.

Saudades daqueles irmãos que nos faziam companhia nas noites de Evangelho, vivenciando conosco os conselhos de Jesus.

Saudades dos dias frios, quando levávamos o agasalho aos carentes necessitados.

Saudades do alimento modesto que era colocado sobre a nossa mesa singela, energizando-nos o corpo.

Saudades do sorriso que nos ofertavam no dia a dia, alegrando-nos a vida.

Saudades do aperto de mão, do até logo, do até breve. Ah... Que saudades!

Por tudo isto, irmãos, aproveitemos todos os momentos que estivermos com quem quer que seja, não nos importando se estão nos dando trabalho, preocupação ou alegria, pois são simplesmente corações que estão ao nosso redor e por eles tudo devemos fazer, assim como Jesus faz por nós todos os dias.

SEJAMOS FORTES

Já ouvimos, em muitas oportunidades, que temos que ser fortes. Se avaliarmos esta afirmação no ponto de vista literal, imaginamo-nos atletas com físicos privilegiados, caminhando pelas estradas da vida.

Todavia, se analisarmos esta palavra no ponto de vista espiritual, vamos entender que temos de ser fortes de alma, pois no convívio com as pessoas que conosco caminham, mais ou menos próximas de nós, vamos criando afetos por vezes indissolúveis, enquanto os nossos corações se entrelaçam no mundo dos sentimentos.

Seus semblantes vão sendo gravados na memória da nossa alma, pois de alguma forma nos presentearam com algo: um olhar, um sorriso, um aperto de mão, um abraço, um pensamento...

Somos, portanto, reféns dos nossos afetos.

Nossos sentimentos representam a fotografia da nossa alma e por meio deles, ilustramos quem somos, o que pensamos e o quanto amamos.

Por essas razões, sejamos fortes, não contendo os sentimentos, tampouco exercitando-nos pelos caminhos da indiferença, mas sejamos fortes no amor, dedicando às pessoas que conosco convivam ou que partiram para o além, um pedacinho do nosso coração.

Servidores de Jesus

Vivenciando experiências múltiplas neste mundo por onde nossos pés caminham, não é comum ouvirmos melodias suaves que abraçam a nossa alma, nem tampouco vermos cenas coloridas que nos alegram o coração.

Apesar de nem sempre sermos agraciados com esses tesouros de que a alma necessita, já temos o tesouro da Doutrina dos Espíritos em nossa intimidade.

Onde escutamos sons agressivos, nossos corações compreensivos os transformam em suaves melodias e onde as cenas escurecidas passam diante dos nossos olhos, a nossa alma as enxerga com as cores vivas da caridade e da esperança.

Todas as ocorrências que eventualmente enredam-nos a alma, tentando nublar a nossa alegria, o espiritismo nos faz enxergá-las com a devida paciência, discernimento e amor, pois ao observarmos os irmãos que se encontram caídos no caminho, externando suas tristezas, amarguras, sofrimentos, dentro de nós sentimos a alegria do Cristo a nos dizer: "ajude, coopere, ame...".

Nessas ocasiões em que o mundo tenta anestesiar os nossos sentimentos, nos apercebemos capazes de nos deixar abraçar pela humildade, fechando os nossos olhos, mas abrindo o nosso coração, dizendo para nós mesmos: "Pai perdoai-os, porque ainda não sabem o que fazem".

Por essas razões, independentemente dos momentos que estivermos vivenciando, sejam eles quais forem, tenhamos sempre em mente que a Doutrina Espírita nos oferece todo o seu acervo de conhecimentos, para que possamos ajudar, cooperar, amar nossos irmãos de jornada como verdadeiros e amorosos servidores de Jesus.

SERVINDO A JESUS

A cada dia, novas e muitas vezes, desgastantes experiências vamos vivenciando neste mundo de provas e expiações.

Quando olhamos mais atentamente ao nosso redor, enxergamos olhos umedecidos pelas lágrimas que provêm de corações amargurados.

Vemos criaturas ansiosas em busca do pão de cada dia, voltadas para si próprias e para os seus queridos.

Mais adiante, vemos hospitais apinhados de pessoas envolvidas pela dor e pelo sofrimento.

À frente, casais que se separam tentando ir em busca da tal felicidade.

Vemos também corações acostumados a olhar para si mesmos, não tendo tempo para olhar em direção aos que sofrem.

Nós poderíamos continuar esta nossa narrativa por tempo indeterminado, todavia vamos parar por aqui.

Assim, silenciosamente, vamos perguntar a nós mesmos se por ventura nos identificamos com alguma dessas pessoas que acabei de retratar.

Se assim for, com os conhecimentos que ao longo do tempo a Doutrina dos Espíritos nos presenteou, ao olharmos para nós mesmos não deveríamos constatar que continuamos sendo a mesma pessoa de anos atrás, pois os ensinamentos que já lemos, escutamos, não deveriam ter ficado esquecidos na esteira do tempo.

Porém aqueles que conseguiram não só escutar, mas refletir e colocar em prática os ensinamentos que o Espiritismo lhes legou, conquistaram uma alegria diferente, perene que simplesmente podemos definir como sendo a alegria de servirem aos necessitados, tornando-se, portanto, Servidores de Jesus!

SOMENTE AGORA

Se voltarmos o nosso pensamento para dois mil e dezessete anos atrás, haveremos de imaginar Cristo Jesus pregado na cruz, ilustrando o seu corpo físico, impiedosamente maltratado, ferido, traduzindo no semblante os atrozes sofrimentos pelos quais passava.

Naquela época, o povo que no gólgota estava presente, não tinha condições de avaliar o sofrimento íntimo inenarrável que Jesus sentia, vendo os Seus irmãos que tanto amava no caminho distorcido das efêmeras ilusões, distanciados das veredas do amor.

Sentia, na realidade, a dor-compaixão, pois sabia o que os irmãos de jornada haveriam de passar ao longo das suas encarnações, neste mundo de provas e expiações.

Quantas lágrimas iriam derramar, quantas dores haveriam de experienciar, quantas desilusões iriam experimentar...

Dois mil e dezessete anos se passaram desde aquela época, quando Jesus nos presenteou com a cartilha do amor e somente após a chegada da Doutrina dos Espíritos entre nós é que começamos a compreender o que o Mestre nos havia trazido há tanto tempo.

A partir de então, conscientemente, iniciamos a nossa escalada espiritual, melhor compreendendo as lições que a vida nos ministra, em forma de sorrisos, lágrimas e dores, a fim de fazer-nos evoluir nas sendas do amor.

Hoje, temos a convicção de que o Espiritismo trouxe para toda a humanidade o esclarecimento e a luz, iluminando as nossas mentes e ampliando os nossos nobres sentimentos, a ponto de agora entendermos o real sofrimento de Jesus e a profundidade do Seu pensamento, quando ainda pregado na cruz, dissera: "Pai perdoai-os porque não sabem o que fazem".

SORRINDO CONOSCO

Tempos atrás, foi lida por um confrade espírita, mensagem trazida quando ainda me encontrava encarnado.

Entre os seus diversos tópicos, todos eles importantes para a nossa evolução espiritual, gostaria de me referir àquele que discorre sobre alegria.

As pessoas que adentram os Centros Espíritas trazem, em grande parte das vezes, seus corações entristecidos, pois os seus semblantes revelam-nos os momentos dificultosos pelos quais estão passando.

Ao chegarem à Casa Espírita, estão sequiosos por receber o sorriso dos nossos lábios antes mesmo de receberem nossos cumprimentos, para que possam assim, sentirem-se à vontade, bem acolhidos, em mais uma casa de Jesus.

Ao esboçarmos um sorriso, o coração amargurado que nos veio procurar dilata-se, apazigua-se, sentindo que está adentrando um local onde o amor impera.

Entendemos que às vezes a vida dificulta-nos o sorriso, pois são tantas as situações pelas quais temos de passar, que acabamos esquecendo-nos de sorrir.

Todavia, ao fazermos parte do grupo de tarefeiros espíritas que militam no centro que, amorosamente nos acolhe, lembremo-nos sempre de que o sorriso não é nosso, mas sim um presente que estamos ofertando a quem está diante de nós, mesmo quando as nossas dores tentem nos impedir de sorrir.

Assim sendo, estamos nos valendo do altruísmo, pensando nos outros, esquecendo de nós mesmos.

Tenhamos sempre em nossa lembrança que a alegria deverá estar presente em nossos lábios, avalizada pelo nosso olhar, pois todas as vezes que sorrimos fraternalmente para alguém, Jesus sorri conosco.

SORRIR MAIS

Durante a nossa estadia neste mundo de Provas e Expiações, devemos nos empenhar para colocar o tesouro da alegria na intimidade da nossa alma.

Se observarmos o curto tempo de vida de que dispõem os habitantes do planeta, chegaremos à conclusão de que devemos fomentar a alegria, pois o período de vida é tão pequeno que irá passar rapidamente, sem que nos apercebamos dele.

Os momentos de alegria foram poucos, esparsos, mas lembramo-nos deles com satisfação, pois causaram impactos agradáveis em nossos corações.

As experiências mais difíceis, que sabemos, foram muitas, aos poucos vamos delas nos esquecendo, apesar de termos consciência de que foram importantes para o nosso crescimento espiritual.

Se as alegrias foram poucas, mas nos lembrarmos delas enquanto os momentos difíceis foram em número maior, mas deles temos a tendência de esquecer, torna-se evidente que os nossos lábios devem sorrir mais, tendo em conta que, todas as vezes que ajudarmos a quem se encontrar carente, o nosso coração se alegrará, pois a alegria de viver e de servir é o caminho que Jesus espera que sigamos todos nós.

Sorriso da alma

Ao ilustrarmos um sorriso, entendemos que a nossa alma está vivenciando momentos felizes, quando expressa os sentimentos íntimos pelos quais passa.

Mas, naturalmente, com o correr das horas, dos dias, das semanas, recebendo em momentos diversos os ditames da vida, nem sempre nossos lábios sorriem, porque nossa alma talvez esteja triste, apreensiva, decepcionada com as ocorrências que o mundo lhe mostra.

Todavia, as criaturas que vivenciam a caridade em suas diversas facetas trazem em si uma alegria íntima que, nem sempre, seus lábios esboçam, porém perdura independentemente das agruras que a vida lhes traz.

Assim sendo, todas as vezes que fazemos algo por alguém, mesmo que os nossos lábios não ilustrem, a nossa alma sorri.

Sorriso da Esperança

Todos nós haveremos de vivenciar experiências, as mais variadas, em nosso caminhar.

Às vezes, nossos lábios sorriem, outras vezes, nossos olhos choram, exteriorizando os momentos felizes ou difíceis que estamos passando.

As experiências difíceis serão mais ou menos sofridas, dependendo da intensidade do amor que dedicamos à pessoa com a qual convivemos; por exemplo, se estiver debilitada ou enferma.

São momentos nebulosos em que experimentamos mais comumente o gosto amargo do pessimismo.

A alegria parece ter ido embora, pois um manto escuro de tristeza nos envolve, impossibilitando-nos de enxergar.

Dessa forma, constrangidos, não temos vontade de sorrir, esperando que tudo seja resolvido para voltarmos a ser o que éramos tempos atrás.

Porém, são apenas momentos que devemos entender como sendo lições que nos farão acelerar os passos em direção a Jesus.

Assim, em vez de termos o nosso coração fechado para a alegria, vamos mantê-lo aberto, ao mesmo tempo em que os nossos lábios ilustrarão um significativo sorriso, evidenciando que a esperança está de volta.

Sorriso no coração

Quando ainda estamos no mundo espiritual, preparando-nos para reencarnar, de acordo com o nosso mérito, somos informados a respeito das missões, das responsabilidades que haveremos de enfrentar, das tarefas que deveremos realizar, para que possamos, mais tarde, voltar à pátria espiritual com a vitória conseguida sobre o instinto e o desamor.

Portanto, quando aqui estamos encarnados, nossa alma não desconhece as estradas que haverá de percorrer, os obstáculos que haverá de transpor.

Entretanto, envolvidos pelo mundo que nos cerca, não conseguimos nos lembrar daquilo que nos foi dito quando estávamos do lado de lá, no mundo dos Espíritos.

Porém, se reservamos algum tempo para Jesus, haveremos de ter a intuição sobre o caminho a percorrer.

Todavia, distraídos pelas bagatelas do mundo, não conseguimos nem mesmo vislumbrar as estradas que deveremos seguir e, assim, eis-nos escorregando aqui, ali, acolá, utilizando-nos muitas vezes da palavra imprópria, do olhar imaturo, da escuta menos paciente, porque não dedicamos nenhum instante para Jesus, pois se assim fizéssemos não haveríamos de perder a oportunidade reencarnatória que o Pai da vida está nos ofertando.

Em vista disso, com o conhecimento que já possuímos, é-nos possível ir delineando os caminhos a percorrer, bastando que passemos a agir como Jesus agiria se estivesse em nosso lugar.

É dessa forma que iremos chegar ao final da nossa reencarnação, não só com sorrisos nos lábios, mas com sorrisos no coração.

SORRISO

Nos dias de hoje, é-nos difícil observar sorrisos enfeitando os lábios das pessoas com as quais mantenhamos qualquer tipo de contato.

Entendemos que muitos irmãos passam por situações menos agradáveis, aqui e acolá e, com esse entendimento, chegamos a compreender que, pelos conhecimentos que possuímos, somos nós que devemos sorrir para enfeitar os corações daqueles com quem temos a ventura de contatar, interagir.

O nosso sorriso não é ilustrado pelas dificuldades que vivenciamos, mas sim pelo conhecimento que já conquistamos.

Ao sorrirmos, as pessoas que se encontram ao nosso redor, angustiadas momentamente, sentem o desejo de pelo menos esboçar, retribuir um sorriso para nós, dividindo conosco suas aflições.

Cada vez que nossos lábios se movimentam para sorrir, quem conosco convive, interage, sente como que uma brisa de esperança a lhe envolver, dando-lhe forças para continuar sua romagem.

Não devemos dar demasiada guarida aos momentos, sejam quais forem, que estamos passando, nem tampouco às experiências íntimas que estamos vivenciando, pois entendemos que através do sorriso da compreensão, os nossos momentos menos agradáveis serão por nós esquecidos e irão passar, fazendo com que a esperança volte a nos acalentar, dando-nos forças para seguir avante.

Quando os problemas mais profundos e íntimos vierem nos impactar, com o intuito de burilar nossa alma, mesmo assim, vamos sorrir simplesmente, porque estamos vivos para servir a Jesus.

TENTAÇÕES

Muitos de nós, transitando pelas estradas da vida, somos distraídos por tudo aquilo que o mundo nos ilustra.

Nossos olhos se encantam, nossos ouvidos inebriam-se, nossa sensibilidade aumenta e acabamos nos tornando joguetes do próprio mundo.

Quando Jesus nos trouxe o Pai Nosso, nada foi por Ele esquecido, pois todas as palavras, todas as frases, têm um significado muito forte junto à alma humana e o Espírito imortal.

Dentre todos os tesouros que o Pai Nosso contém, gostaria de, modestamente, enunciar agora apenas um: refiro-me às tentações.

Nossos olhos, por vezes, se deixam extasiar pelos apelos da matéria, nossos ouvidos deleitam-se com os sons do mundo, os perfumes nos anestesiam, as palavras invadem a nossa intimidade.

Constantemente estamos à mercê das tentações e, quando falimos na caminhada, é porque não resistimos a elas, equivocando-nos, mergulhando outra vez na lama densa do instinto a nos dominar.

Porém, à medida que o espiritismo vai adentrando em nossa alma, começa nela a brotar o que chamamos de consciência.

Quando a nossa consciência ainda é criança, o instinto a domina; todavia, quando se torna adulta, assessorada por Jesus, podem desenrolar-se diante dos nossos olhos as ilustrações que o mundo nos propõe, os sons que nos inebriam, os perfumes que nos enlaçam, porque a consciência nos faz, definitivamente, compreender o bem e o mal que nos cerca e, por meio dela, nos sublimamos e, assim sendo, nos encontraremos caminhando bem ao lado de Jesus.

TOME A INICIATIVA

Experiências múltiplas vamos tendo a oportunidade de vivenciar.

Nos dias de hoje, se observarmos mais atentamente, esquecendo-nos um pouco de nós mesmos, iremos notar que as pessoas estão muito carentes e não é necessário sabermos do que, basta observarmos as nossas próprias carências para que possamos diagnosticar as carências alheias.

Apresentamos em nós mesmos dificuldades para tomar iniciativas em favor de alguém.

Os instantes passam, as oportunidades se esvaem e deixamos alguém sem a carícia da nossa ajuda.

Nem sempre emitimos a primeira palavra; nem sempre direcionamos o primeiro olhar; nem sempre estendemos primeiramente a nossa mão e, na maioria das vezes, não estendemos nossos braços para abraçar.

Gostaríamos que antes nos estendessem as mãos para que estendêssemos as nossas.

Gostaríamos que antes nos abraçassem para que nos sentíssemos estimulados a abraçar.

Gostaríamos que as pessoas nos dirigissem boas palavras, antes que direcionássemos as nossas.

Gostaríamos que as pessoas, primeiramente nos dessem atenções para que depois déssemos as nossas.

Esquecemo-nos, assim, de que as pessoas estão carentes e necessitam, antes, do nosso sorriso, do nosso olhar, da nossa palavra, do nosso abraço, da nossa companhia...

As oportunidades vão surgindo, momento após momento e, distraídos, nem sempre as aproveitamos.

Todavia, quando a nossa alma está ligada à espiritualidade maior, quando o nosso coração se sente envolvido pela bondade, escutamos a voz silenciosa do Cristo a nos dizer: "Tome a iniciativa e ame, antes mesmo de ser amado."

Torvelinho de Pensamentos

Vivemos mergulhados num torvelinho de pensamentos, os mais diferentes, mesclados pelo amor e pela guerra, sofrendo assim os seus impactos.

Sentimo-nos às vezes sendo visitados por alegrias, outras vezes, por uma angústia, pois tudo aquilo que estamos vendo, escutando, assistindo, faz parte das veredas que haveremos de seguir.

Os lábios das pessoas, não estão acostumados a pronunciar doces palavras, enquanto os seus ouvidos acostumaram-se a escutar impropérios, palavras inamistosas que nada oferecem ao coração.

Todavia, nós espíritas, apesar de vivermos neste mar de dificuldades, sentimos no fundo da nossa alma uma alegria difícil de explicar, pois é a alegria do conhecimento, por sabermos que estamos vivenciando momentos de inegável transição e que as pessoas estão tentando localizar-se, procurando encontrar as estradas que haverão de seguir.

Nós já definimos o caminho que seguiremos, pois o nosso roteiro é Jesus e, por isso, os Seus ensinamentos aos poucos vão sendo emitidos através dos nossos lábios, por meio das nossas atitudes, dos nossos atos, envolvidos que estamos pela doce fraternidade.

Pouco a pouco vamos nos sentindo envolvidos pela alegria do Cristo, pois não estamos na contramão e sim caminhando em Sua direção.

Por isso, mesmo que as dificuldades nos rodeiem, mesmo que os problemas tentem nos envolver, tenhamos gravado em nossa mente e em no nosso coração que Jesus não nos desampara, está sempre conosco, dando-nos a mão para que junto Dele, venhamos a progredir.

Tudo passa...

Quando ainda me encontrava encarnado, todas as vezes que um impacto vinha em minha direção, eu intimamente clamava por Jesus, pedindo-lhe que me presenteasse com a paciência e a compreensão, a fim de amenizar o desconforto que estava sentindo.

Entretanto, analisando todos os impactos doloridos que recebi, eles não se comparam ao número de irmãos afetuosos que vinham fazer-me companhia, abraçando-me, trazendo-me alegria.

Aqueles momentos todos passaram como tudo passa, conforme Maria me orientou por meio do fiel amigo Emmanuel.

Assim sendo, eu compreendi que tudo haveria de passar, fazendo com que eu guardasse comigo somente as palavras doces que acarinhavam a minha alma, enquanto que, as palavras mais ásperas eu não as esquecia, pois, elas me possibilitavam corrigir os erros e caminhar um pouquinho mais adiante.

Os amigos abraçam-nos, incentivam-nos, dizem-nos coisas que nos agradam, entretanto, amigos também são aqueles que nos delatam os erros, os nossos equívocos, para que tenhamos a oportunidade de melhorar, corrigir.

Lembremo-nos sempre que aqueles aos quais chamamos de inimigo, nada mais são do que o amigo temporariamente distante do nosso convívio.

Todos aqueles que, em algum momento, nos criticam, só o fazem porque devemos ter-lhes dado alguma razão para tanto e, por isso, não devemos entender como sendo uma afronta, um desdém ou inimizade e sim palavras que acarinham a nossa alma, como se na verdade estivessem nos incentivando a compreender, a perdoar e a evoluir com Jesus!

Tudo podemos, mas nem tudo devemos

Os tempos estão passando rapidamente. Num piscar de olhos, o ano já se foi.

As experiências vividas foram tantas, mas já passaram também, deixando em nossa alma o perfume ou o odor, dependendo de como as encaramos no dia a dia da nossa vida.

A atenção do ser humano redobra-se a cada instante, levando-se em consideração a modernidade do mundo contemporâneo.

Os nossos olhos avistam em todos os lugares as novidades; umas supérfluas, outras sem interesse e outras importantes para cada um de nós em determinado momento.

Quando Jesus esteve aqui conosco, há mais de dois mil anos, disse-nos: "Orai e Vigiai", dando-nos assim, o intróito a este pensamento que hoje está vívido em todos nós.

Estamos atentos para com tudo e para com todos, porém temos de olhar para dentro de nós e percebermos quais os pontos que devemos vigiar para, em sequência, evoluir.

As informações chegam de todos os lugares, de todas as maneiras, de todas as formas, cabendo a cada um de nós, tendo a luz do Cristo no coração, observar o que trazem no seu bojo, o que trazem de espontaneidade e de verdadeiro, para que possamos discernir os passos que iremos dar em sequência.

Temos a tendência de nos deixar influenciar pelas ocorrências que chegam até nós, atitude esta própria do ser humano emocional, durante o período em que se encontra encarnado.

Entretanto, a cada dia que passa, temos de ter mais atenção com o nosso emocional, colocando o nosso espiritual avante, para que possamos bem avaliar tudo aquilo que nos chega às mãos e que se ilustra diante dos nossos olhos, porque sabemos "tudo podemos, mas nem tudo devemos".

Que Jesus abençoe o nosso coração e que tenhamos o discernimento para observar todas as ocorrências que a vida nos traz, para sabermos retirar de cada uma delas o perfume que a nossa alma anseia.

VIBRAÇÕES

Em nosso dia a dia, vivenciamos situações que por vezes nos deixam um tanto quanto preocupados, indecisos, pois não conseguimos imaginar, deduzir porque estão ocorrendo questões que de uma forma ou de outra, afetam a nossa caminhada.

Na realidade, nada acontece por acaso, pois tudo aquilo que vem ao nosso encontro, de bem ou de mal, traz-nos reflexos do ontem e que hoje estamos vivenciando, resgatando.

Por isso, nas ocasiões em que os nossos corações se reúnem para vibrar em favor de alguém que esteja sendo acossado pelas intempéries da vida, participamos de um momento sublime, quando as nossas almas se aproveitam para exercitarem-se no campo da caridade e do amor.

Ao nos reunirmos pelas vias do pensamento, enviando nossas melhores vibrações a quem delas esteja necessitado, Jesus acompanha-nos o pensamento, direcionando-o para aportar no coração devido, amenizando-lhe as agruras.

É um momento de amorosa confraternização espiritual, irmanados que estamos pelos elos da caridade e do amor incondicionais.

Assim agindo, estaremos desfrutando de oportunidade inquestionável de, mesmo à distância, auxiliarmos alguém, colocando-nos como verdadeiros servidores de Jesus.

Vivenciando os primeiros sinais...

Todos estão participando do início do tão esperado Mundo de Regeneração.

Neste sentido, os primeiros sinais estão sendo dados, enquanto a bondade do Pai misericordioso direciona para a Terra o afluxo intenso de Espíritos mais evoluídos como até então jamais ocorreu.

Gradualmente, está sendo aprimorada a ligação mental entre encarnados e desencarnados, para que o mundo de cá se aproxime, se entrose cada vez mais com o mundo daí.

Para tanto, empenhemo-nos para que os amigos espirituais possam transmitir-nos suas nobres inspirações, afim de que venhamos a espargi-las, convictos e seguros, pelas veredas do amor.

Que o nosso coração exteriorize a doçura, que os nossos olhos percebam irmãos de caminhada necessitados do nosso concurso, que a nossa palavra adentre suavemente os ouvidos dos que se propõem a nos escutar e que as nossas mãos estejam presenteando mãos carentes.

Outrora dissemos que estavam sendo abertas as portas do Umbral, dando as últimas chances aos Espíritos recalcitrantes no mal, porém, há algum tempo, estão sendo abertas as portas dos Corações Amorosos que se propõem a servir a Jesus.

Por essa razão, mantenhamos abertos os portais da nossa espiritualidade, a fim de que, por meio dos incansáveis e abnegados amigos espirituais, o Mestre do amor possa adentrar em nosso coração.

"Onde e com quem estivermos, façamos sempre, o que Jesus faria, se estivesse em nosso lugar"

Ave Cristo!

ALDELE
Aliança distribuidora e Editora de Livros Espíritas

VOCÊ SABIA
QUE DISTRIBUÍMOS LIVROS DE QUASE **200** EDITORAS ESPÍRITAS E MAIS DE **7.000** TÍTULOS?

Nossa Localização

Aliança

DISTRIBUIDORA
www.editoraalianca.com.br - distribuidora@editoraalianca.com.br
Rua Major Diogo, 511 - Bela Vista SP - CEP 01324-001
Tel.: (11) 2105 2600 Fax.: (11) 2105 2626